中原文庫

中原文庫

# 明朝中州人物志

〔明〕朱睦㮮——撰

岳鴛鴦——點校

河南文藝出版社
·鄭州·

**圖書在版編目（CIP）數據**

明朝中州人物志 /（明）朱睦㮮撰；岳鴛鴦點校 .—鄭州 ：河南文藝出版社，2024.1

（中原文庫）

ISBN 978-7-5559-1615-4

Ⅰ.①明… Ⅱ.①朱… ②岳… Ⅲ.①人物志－河南－明代 Ⅳ.① K820.861

中國國家版本館 CIP 數據核字（2023）第 175945 號

**明朝中州人物志**

〔明〕朱睦㮮/撰　岳鴛鴦/點校

---

責任編輯　孫曉璟
特約編輯　趙建新
責任校對　梁　曉
特約校對　岳秀霞　唐志輝
美術編輯　吴　月
整體設計　張　勝

---

出 版 社　河南文藝出版社（地址：鄭州市鄭東新區祥盛街 27 號 C 座 5 樓
　　　　　郵編：450018　電話：0371-61659982）
發行單位　河南省新華書店發行集團有限公司
承印單位　河南瑞之光印刷股份有限公司
開　　本　710 mm × 1000 mm　1/16
印　　張　18.25
字　　數　195 千字
版　　次　2024 年 1 月第 1 版
印　　次　2024 年 1 月第 1 次印刷
定　　價　168.00 元

---

《皇朝中州人物志》封面，明隆慶刻本

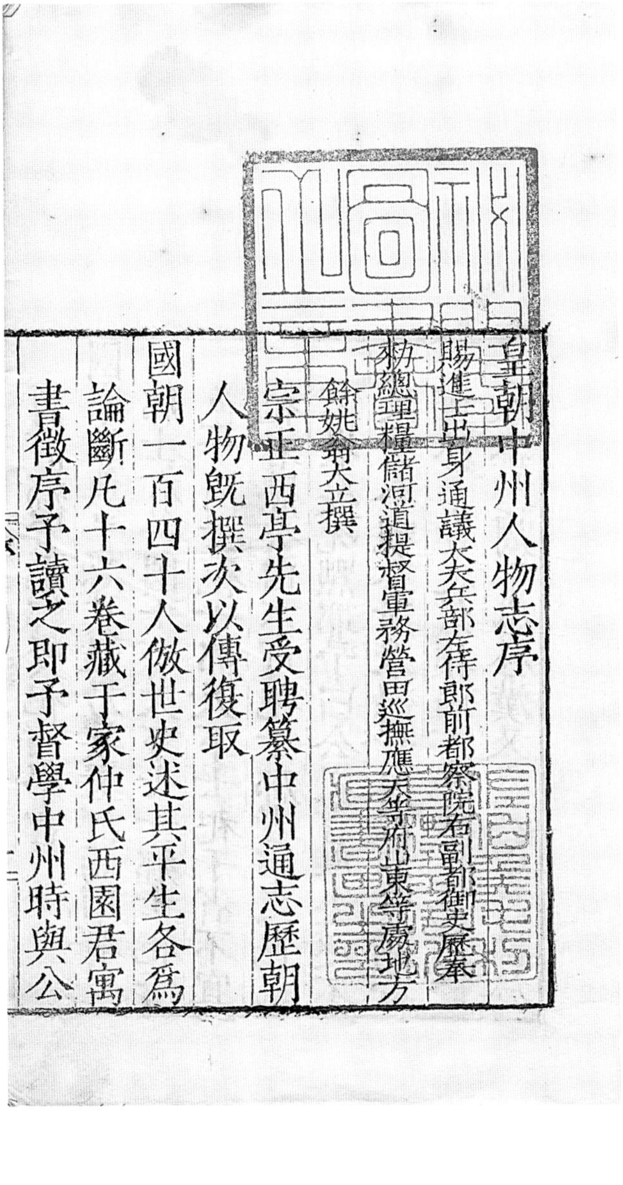
皇朝中州人物志序
賜進士出身通議大夫兵部右侍郎前都察院右副都御史奉
勑總理糧儲河道提督軍務營田巡撫應天等府山東等處地方
餘姚翁大立撰
宗正西亭先生受聘纂中州通志歷朝
人物既撰次以傳復取
國朝一百四十人倣世史述其平生各爲
論斷凡十六卷藏于家仲氏西園君寓
書徵序予讀之即予督學中州時與公

《皇朝中州人物志》序，明隆慶刻本

# 出版説明

中原古以豫稱，居九州之中，有太室巍巍，大河湯湯，得天時，擁地利，聚人和。於是揖別結繩紀事，華夏文明於焉肇興。《易》曰『河出圖，雒出書』，《書》云『惟殷先人，有典有册』，傳世史籍、文物遺存，俱斑斑可見，光耀春秋。

一方熱土，育一方人物。遠古以來，中原大地英才輩出，燦若星漢，於政治、經濟、軍事、文化、社會諸領域皆有建樹，承前啓後，踵事增華。以是中原文化積澱深厚，綿延不斷，並以守正持中、兼容並包著稱於世，與齊魯、燕趙、秦晉、荆楚、湖湘、吴越、閩臺、巴蜀等地方文化交相輝映，既獨樹一幟，又融會貫通，既傳承有序，又代有創新，洵爲中華文明之主根主脉。

文化傳承，以文獻爲要。歷代中原先賢著述，不啻浩如烟海，煌煌煒煒，充盈四部，蔚爲大觀。其卓犖特立者，非唯中原文化之高峰，亦爲中華各民族共同經典，甚至流佈海外，享譽世界，成爲全人類珍貴文化遺産。

文獻流傳，以整理爲先。歷代中原有識之士，每每於此竭心盡力，甚至貢獻一生，傳抄、翻刻、校訂、庋藏，代有傳人，故中原文獻雖歷經天災兵燹而傳之不絶。今逢雍熙盛世，科技昌明，物阜民康，乃有『河南興文化工程』之創舉，於是乎《中原文庫》應運而生。

《中原文庫》旨在彙集歷代中原著作，拔其英萃，集其大成。以現行河南省行政區劃爲界，收録歷代河南籍人士（包括長期流寓河南者）編撰的著作，以及記述河南人物、事物的著作。年代下限至清末，個别舊學著述，下限至民國。凡普通古籍，加以標點、校勘、注釋、輯佚、重編，規範整理，排印出版。珍本善本，則存其原貌，影印留真。非圖書類文獻，如甲骨、金文、石書、帛書等，分類輯録，彙編成册，影印其圖片，排印其釋文。

今惟諸事草創，編者學識有限，罅漏在所難免。倘大方之家有以指正，則吾属幸甚。

《中原文庫》編輯部　二〇二三年九月

# 前言

河南地處中原，是中華文明的重要發源地，秉河嶽英靈，匯八方風雨，自古爲教化昌明之區、文物衣冠之藪。獨特的自然與人文環境，鑄就了博大精深、生生不息的中華文脉，孕育了一大批世代綿延、光耀史册的聖賢將相、英才傑士。丁文江發表於《科學》雜志八卷一期（一九二三）的《歷史人物與地理的關係》是最早研究中國歷代人物地理分佈的宏文。他根據二十四史列傳，選取前漢、後漢、唐、北宋、南宋、明六代人物，共計六千有餘，籍貫可考者五千七百八十三人，籍貫爲河南者九百一十二人，占百分之十五點七七，其中北宋時期占百分之二十二點一八，後漢時期更高達百分之三十七點二。這項研究尚未將先秦、魏晉南北朝等時期計算在内，即此足見中州人物的歷史地位及其研究價值。

縱觀歷代文獻，關於中州人物的記載，自三國時期已有《陳留耆舊傳》《汝南先賢傳》等郡邑人物志；東晋袁宏有《正始名士傳》，記録三國魏齊王曹芳正始年間（二四〇—二四九）人物，包括上卷《正始名士傳》、中卷《竹林名士傳》和下卷《中朝名士傳》，並不限中州人物，且書久佚。但通録一代人物者，當自明代朱睦㮮的《皇朝中州人物志》始。該書僅有初刻本，且存世稀見，故亟待校勘整理，以廣其傳。

# 一、朱睦㮮生平述略

朱睦㮮（一五一七—一五八六），字灌甫，一作灌夫，學者稱西亭先生，晚年築精舍於城東陂上，自號東陂居士，明代宗室學者，著名藏書家、目録學家和出版家。《明史》卷一一六《諸王一》及朱謀㙔《藩獻記》卷一有傳；河南祥符人，禮部右侍郎兼翰林院侍讀學士張一桂（一五四〇—一五九二）撰《明周藩宗正鎮國中尉西亭公神道碑》，叙其生平甚詳，載《漱秇堂文集》卷二一及焦竑《國朝獻徵録》卷一。

朱睦㮮出身於明朝宗室，爲建藩於開封的明太祖朱元璋第五子周定王朱橚六世孫。高祖爲朱橚庶八子朱有爌，封鎮平郡王，謚恭定，著有《道統論》《賢王傳》《德善齋菊譜》等。曾祖爲朱有爌庶七子朱子垳，封鎮國將軍。祖父朱同鍇，號豫齋，封輔國將軍，喬世寧《丘隅集》卷一七《鎮平府輔國將軍豫齋公傳》稱其爲『秉禮道爲士民倡者』。父朱安河爲豫齋公長子，封奉國將軍，以孝行聞於朝，璽書旌賚，詔賜建崇孝祠以祀之。

朱睦㮮爲朱安河長子，生長在這樣一個博學好文、仁厚醇謹的家庭環境當中，自幼穎異，少有詩名，李夢陽一見大奇之，曰：『此飛兔也，老夫且瞠乎絶塵矣。』年十五封鎮國中尉。雖爲天潢貴胄，却被服如儒生，『一切芬華聲色之好，視猶土苴也』。長益好經學，遍訪河洛宿儒，向衛君聘學《周易》、和大芳學《尚書》、周伯昌學《詩經》、周溙之學《春秋》、許守謙學《禮》，二十歲通五經，尤精於《易經》和《春秋》，著名學者吕柟曾與論《易》，大折服之。他還廣交天下文士，『傾身遊諸貴顯間』，座客常滿，李攀龍、王世貞、張佳胤、吴國倫、徐中行、張九一等皆爲莫逆，相與引重。

《明史》稱『周邸圖書文物之盛甲他藩』，自周定王朱橚、周憲王朱有燉以下，形成了博學好文的傳統。朱睦㮮繼承這一傳統，一心向學，有詩言其志云『著作千秋事，流傳四海情』，畢生致力於藏書、刻書、著書，成爲名動海内的宗室學者，『論者以方漢之劉向』，人稱『大山』，同宗學人朱安泒稱『小山』。

明代宗藩禄賜豐厚，多通過御賜、抄繕、搜購方式收藏書籍。朱睦㮮一生愛書，尤喜藏書，『假之中吳、兩浙、東郡、耀州、澶州、應山諸處』，奔走四方，或購求，或寫録，或補綴，積書甚富。『海内藏書家，推江都葛氏、章丘李氏，公盡購得之』，得書萬卷。爲保藏圖籍，於宅西建房五間，署曰萬卷堂，並在其子勤美的協助下，依照四部分類法，編成《萬卷堂書目》和《聚樂堂藝文目録》，在目録學史上占有重要的地位。據其隆慶庚午八月中秋日所作《萬卷堂家藏藝文自記》統計，經部十一類，六百八十部，六千一百二十卷；史部十二類，九百三十部，一萬八千卷；子部十類，一千二百部，六千零七十卷；集部三類，一千五百部，一萬二千五百六十卷；合計四千三百一十部，四萬二千七百五十卷。他欣慰地寫道：『余齋居多暇，值積雨初霽，命童出曝，因取而觀，其内或有丹鉛圈點，或有校勘題評，平生心迹，歷歷在目，亦足以自鏡矣。本余所好，或資紀述，若云蓄德，則吾豈敢！』

富藏圖籍，爲朱睦㮮校書、刻書、著書創造了良好的條件。而他正是利用這些文獻，潛心於學術研究，校訂刊刻了大量的圖書。其刻書多署聚樂堂刻本，除自著自編的《韻譜》《蘇文忠公表啓》《儷德偕壽録》《鎮平世系録》《皇朝中州人物志》《聖典》《純孝編》《授經圖》《經序録》等之外，還有唐李鼎祚《周易集解》、宋張洽《春秋集注》、宋趙汝楳《周易輯聞》、明梁橋《冰川詩式》、明章焕（一作張焕）《平倭四疏》、明李夢陽《空同先生集》、明翁萬達《翁東涯集》等，這些出版物多屬佳刻，校勘精審，雕印精良，爲歷來版本學者所稱道，體現了明代藩府刻本的特點。

朱睦㮮肆力於學術的同時，並非不問世事。他曾出謀劃策，支持河南巡撫楊宜平歸德盜，協助巡撫章焕治理黄河，輔佐巡撫鄒守愚纂修《河南通志》。嘉靖末，議立宗學以興教化，詔博求可爲宗人師表者，『中外咸推轂公』，遂拜宗正，成爲管理宗藩事務、教育宗室子孫的『大藩祭酒』。《明史》本傳：『萬曆五年（一五七七）舉文行卓異，爲周藩宗正，領宗學。』而據《明穆宗實録》卷四四記載，隆慶四年（一五七〇）四月辛亥，『以鎮平王府鎮國中尉睦㮮爲周府宗正……從河南撫按官舉也』。又六年，宗學建成，從此領宗學十餘年，約宗生以三、六、九日午前講《易》《詩》《書》，午後講《春秋》《禮記》，雖盛寒暑不輟，弦歌不絶。

就在推舉周藩宗正的過程中，新會王朱睦㰘覬覦此位，競争不成，乃散播謡言，誣以獻女得宗正，並作艷曲，使府中歌以辱之。至萬曆十一年（一五八三）夏天，河南巡撫都御史褚鈇上疏，以宗室人口繁衍，財源不給，請酌減郡王以下宗室禄米，均給貧宗。詔命給事中萬象春赴河南就周王議，擬作試行。於是睦㰘乘機糾集宗室千餘人，煽動説裁禄之謀出自朱睦㮮，是朱睦㮮爲討好朝廷謀取爵位故意爲之，率衆毆打朱睦㮮，並到周王府將萬象春也毒打一頓。然後公開上書抗旨，反對削減宗室俸禄。結果皇帝大怒，奪其王爵，廢爲庶人，禁錮於鳳陽高墻。經此風波，朱睦㮮身心俱疲，遂引疾乞休，詔慰留之。丙戌（一五八六）再疏，復勉留。不久疾作，萬曆十四年（一五八六）七月二十五日卒，年七十。事聞於朝，詔褒其『學行素優』，賜以輔國將軍禮葬之。再逾年丙子十一月十一日，葬於白塔之原。

張一桂《明周藩宗正鎮國中尉西亭公神道碑》概括其生平，用了七句話：『疇復有閎覽博物、蜚聲藝苑如公者乎？』『疇復有肫肫孝友、内行修潔如公者乎？』『疇復有馴行好修、蟬蜕塵埃之表如公者乎？』『疇復有闡明經術、羽翼聖真如公者乎？』『疇復有裹韞經濟、明習當世務如公者乎？』『疇復有躹躹自牧、折節賢士大夫如公者乎？』『疇復有循循善誘、篤老不倦如公者乎？』可謂蓋棺定論。

## 二、朱睦㮮著述叙録

朱睦㮮一生著述等身，黄虞稷《千頃堂書目》著録二十三種，《明史·藝文志》著録十二種，《四庫全書總目》著録十種。今人考證三十七種，現存十六種。（參見劉曉麗《朱睦㮮著述新考》，《版本目録學研究》第十一輯，國家圖書館出版社，二〇二〇年。）

經部八種，今存五種：

（一）《易學識遺》一卷。另有宛委山堂《説郛續》本。《四庫全書總目》：『是書大旨皆辨論諸家説《易》之異同，雖薈萃不多，而頗有卓見。』

（二）《春秋諸傳辨疑》四卷。即《五經稽疑》之一，另有清抄本兩種，分别藏於中國國家圖書館和北京大學圖書館。

（三）《五經稽疑》六卷。有《四庫全書》本，另有萬曆刻本，前有王世貞序及朱睦㮮萬曆十一年（一五八三）自序，現藏臺北『中央研究院』傅斯年圖書館。

（四）《韻譜》五卷。嘉靖二十四年（一五四五）刻本，現藏廣東省立中山圖書館。

（五）《史漢古字》二卷。《千頃堂書目》《澹生堂藏書目》著録。今存抄本，前有萬曆十年（一五八二）自序。

（六）《正韻邊旁》一卷。《千頃堂書目》《澹生堂藏書目》著録。今佚。

（七）《訓林》十二卷。《千頃堂書目》《澹生堂藏書目》《明史·藝文志》《鳴野山房書目》著録，今佚。

（八）《左選》四卷。《萬卷堂書目》《聚樂堂藝文目録》著録。今佚。

史部二十三種，今存九種：

（一）《聖典》二十四卷。仿《貞觀政要》之體，記明太祖開國事迹。萬曆四十一年（一六一三）朱勤美刻本，現藏杭州市圖書館。

（二）《革除逸史》二卷。一名《遜國記》，記建文帝事。有《四庫全書》本，另有道光十六年（一八三六）錢氏守山閣《指海》本。

（三）《皇朝中州人物志》十六卷。隆慶四年（一五七〇）刻本，現藏日本内閣文庫和臺北『國家圖書館』，上海圖書館有殘本（卷六至卷八）。

（四）《河南通志》四十五卷。鄒守愚修，李濂、朱睦㮮纂，嘉靖三十五年（一五五六）刻本。河南大學圖書館、臺北『國家圖書館』有藏。

（五）《開封府志》三十四卷。朱睦㮮、曹金纂，萬曆十三年（一五八五）刻本。日本内閣文庫藏有全本，北京市文物局藏殘本一至六卷，臺北『故宫博物院』藏殘本一至六卷、十一至十四卷。

（六）《萬卷堂書目》一卷。又名《萬卷藝文目》《萬卷堂藏書志》。有抄本十餘種及清光緒觀古堂刻本、宣統二年（一九一〇）上虞羅氏《玉簡齋叢書》本。

（七）《聚樂堂藝文目録》一卷。有南京圖書館藏稿本及中國國家圖書館藏道光六年（一八二六）東武劉氏味經書屋抄本、浙江圖書館藏張宗祥鐵如意館抄本。

（八）《授經圖》二十卷。五經各四卷，卷一爲義例，卷二爲授經圖，卷三爲諸儒傳略，卷四爲諸儒著述。《國史經籍志》《千頃堂書目》《明史·藝文志》著録。日本東京大學東洋文化研究所、北京大學圖書館、臺北『國家圖書館』藏有萬曆二年（一五七四）刻本。清代黄虞稷等人增訂，即康熙龔氏玉玲瓏閣刻本。又有《四庫全書》本。

（九）《經序録》五卷。聚樂堂自刻本。中國人民大學圖書館藏，中國國家圖書館藏有殘本卷二至卷五。《澹生堂藏書目》《千頃堂書目》《明史·藝文志》皆列入經部，《四庫全書總目》列入史部目録類，提要云：『睦㮮既作《授經圖》，又取諸家説經之書，各采篇首一序，編爲一集，以志其概。』

（一〇）《周乘》一卷。當爲周藩之史。《千頃堂書目》《明史·藝文志》著録。今佚。

（一一）《騶虞集》二卷。記永樂間事。《明太宗實録》卷三四永樂二年九月條云：『丙午，周王橚來朝，且獻騶虞，百僚稱賀，以爲皇上至仁，格天所至。』《澹生堂藏書目》著録。今佚。

（一二）《中州文獻志》四十卷。《中州人物志》卷末題識云：『又有《文獻志》四十卷，俟續鋟行也。隆慶二年春正月望日，弟西園睦㮮謹題。』《千頃堂書目》《明史·藝文志》著録。今佚。

（一三）《忠臣烈女傳》一卷。《千頃堂書目》著録。范邦甸等《天一閣書目》云：『《皇朝中州列女傳》一卷，刊本，明朱睦㮮撰。』疑即此書。今佚。

（一四）《二忠傳》一卷。《天一閣書目》云：『《二忠傳》一卷，刊本，明東陂居士朱睦㮮撰。』今佚。

（一五）《純孝編》四卷。《天一閣書目》云：『《純孝編》四卷，刊本，明朱睦㮮編次。』王國維《傳書堂藏書志》云：『《純孝編》四卷，明刊本。子睦㮮類次。康朗序（嘉靖甲子）。此亦西亭王孫爲父作。卷一制詞、奏疏、公移，卷二以下爲贈言。天一閣藏書。』今佚。

（一六）《鎮平世系紀》二卷。《明史·藝文志》作《鎮平世系録》。《千頃堂書目》云：『朱睦㮮《鎮平世系紀》二卷，隆慶庚午（一五七〇）金立敬序。』《四庫全書總目》云：『以明代玉牒於正德以後多略，遂纂述有爌以下八世支派，以成此書。前曰例義，次世系，次世傳，次内傳，次述訓。』今佚。

（一七）《大明帝系世表》一卷。《千頃堂書目》《明史·藝文志》著録。錢謙益《列朝詩集小傳》云：『觀陶九成《輟耕録》載前元十九帝統系，作《大明帝系世表》一卷、《周國世系表》一卷。』今佚。

（一八）《周國世系表》一卷。《千頃堂書目》《明史·藝文志》著録。今佚。

（一九）《敕賜崇孝祠録》一卷。其父奉國將軍安河以孝行聞於朝，璽書旌賚，既没，周王及宗室請建祠堂，詔賜祠曰崇孝，張時徹爲撰《敕賜崇孝碑》。《天一閣書目》云：『《敕賜崇孝祠録》一卷，刊本，明朱睦㮮撰並識。』今佚。

（二〇）《先考奉國公年表》一卷。《傳書堂藏書志》云：『《先考奉國公年表》一卷，明刊本，不肖男睦㮮泣血謹撰。此明西亭宗正爲其父奉國將軍安河作年表也。天一閣藏書。』今佚。

（二一）《鄒襄惠公年譜》一卷。鄒守愚（？—一五五六），字君哲，謚襄惠，福建莆田人。嘉靖五年（一五二六）進士，曾任河南布政使，重修《河南通志》，朱睦㮮主其事。《千頃堂書目》著録。今佚。

（二二）《謚苑》二卷。《四庫全書總目》云：『是編上卷輯古謚法十二家……下卷列明代王侯以下至於守令之謚。』《千頃堂書目》《天一閣書目》著録。今佚。

（二三）《宗學書目》八卷。光緒《祥符縣志》著録。今未見。

子部一種：

《漁樵閑話》一卷。《天一閣書目》云：『《漁樵閑話》一卷，刊本，明朱睦㮮撰。』今未見。

集部五種，存兩種：

（一）《蘇文忠公表啓》二卷。《脉望館書目》《百川書志》著録。《天一閣書目》云：『《蘇文忠公表啓》二卷，刊本，明東陂居士朱睦㮮選校。』中國國家圖書館藏有嘉靖三十四年（一五五五）刻本。

（二）《儷德偕壽録》四卷。嘉靖四十年（一五六一）刻本。現藏天一閣博物館。

（三）《陂上集》二十卷。《國史經籍志》著録。今佚。《列朝詩集》閏集第五録其詩二十三首，『小傳』稱其『文尤典雅可誦』。《明詩綜》卷八五録其詩三首。《御選宋金元明四朝詩》録其詩十六首。

（四）《聚樂堂甲辰集》一卷。明徐𤊹《徐氏家藏書目録》卷七：『朱睦㮮《聚樂堂甲辰集》一卷，字灌甫，號西亭，一號東陂居士，開封人。嘉靖中周府王孫。』

（五）《傳休奕詩集》一卷。《澹生堂藏書目》云：『《傳休奕詩集》一卷，一册，睦㮮輯。』傳玄（二一七—二七八），字休奕，晋司隸校尉，有《傳玄集》，早佚，此爲朱睦㮮所輯傳玄詩集。今佚。

此外，有關書目著録爲朱睦㮮編撰的其他著作，如《褒忠録》（一作《建文遜國褒忠録》）與《遜國記》當爲一書，《周憲王年表》《周定王年表》《楚王宗支》等不著撰人，不確定爲其所作，《異林》乃朱謀㙔之作，《醫史》《集稼軒長短句》乃李濂所作。

總之，除其文學成就——『執牛耳詞壇五十年』以外，朱睦㮮的著述主要體現在儒家經典的校勘、整理和教育傳承，圖書文獻的收藏、編目和刊印傳播，明代歷史、周藩歷史的編撰以及河南地方史志的纂修等三個方面，均做出了巨大的貢獻，且『所結撰出，無脛而走』，産生了廣泛的影響。

## 三、關於《皇朝中州人物志》及其整理

《皇朝中州人物志》十六卷，隆慶四年（一五七〇）刻本。但據其弟隆慶二年春正月望日《跋》『脱稿已久』，可知成書於嘉靖末。序作者翁大立（一五一七—一五九七），字儒參，號見海，餘姚人。嘉靖十七年（一五三八）進士，官至南京兵部尚書。後序作者金立敬（一五一四—一五九一），字中夫，號存庵，臨海人。嘉靖二十九年（一五五〇）進士，隆慶二年任河南參政，官至工部左侍郎，有《存庵集》十卷。

全書分智（卷一、二）、仁（卷三、四）、聖（卷五至七）、義（卷八至十）、中（卷十一至十三）、和（卷十四至十六）六册。此六字源自《周禮·地官·司徒》，指教育臣民、選拔賢能的六個標準，稱爲六德。注云：『知，明於事；仁，愛人以及物；聖，通而先識；義，能斷時宜；忠，言以中心；和，不剛不柔。』全書共計收録洪武至嘉靖間人物一百三十七人，另有三人附傳，合計一百四十人。與其參與纂修的《河南通志》卷二七至三〇所録二百一十七個明代人物（另卷三一收録流寓人物四，卷三二收録孝義人物七十，卷三二至三六收録列女、隱逸、仙釋、方伎人物更多）相比，收録人物相對較少而傳記文字更爲豐富而詳盡。正是有感於《河南通志》人物志『略而不詳』，爲進一步彰顯中州前賢之事迹，以勵來者，乃廣搜文獻，详加考证，加之個人之所見所聞，更撰此書，詳人物生平，並加以論斷。明焦竑撰《國朝獻徵録》原文采録此書共記三十八篇。如卷十一共七篇，《國朝獻徵録》全録者六篇；卷十五共十篇，《國朝獻徵録》全録者七篇。《明史》中州人物列傳當亦參考了此書，且部分中州人物之事迹，《明史》尤略或無傳，而本書尤詳，足可補正史之不足。尤其值得稱道的是，本書幾乎盡爲作者在史料及所見所聞的基礎上創作，相比於清代孫奇逢《中州人物考》等幾乎全録前人所作而成書，自是不可同日而語。

朱睦㮮非常重視地方史志編修工作，曾參與主持或獨立編纂《河南通志》《開封府志》《皇朝中州人物志》《中州文獻志》《忠臣烈女傳》等，於中原地方文化貢獻殊多。其方志纂修，首重『直筆精核』以存徵信，如《河南通志》關於『岳武穆當稱忠武』『商之三都亳俱當以偃師爲是』的辨析；又如《皇朝中州人物志》卷五《張輔傳》就有感於《平交録》等文獻『訛舛且略』，詳加考證，『備識於篇』，作爲本書中唯一的專卷，『以竢史氏者采焉』。次則立足現實，大膽創新。如《河南通志》《開封府志》都設立『河防志』，記載歷代黄河變遷和河患治理情况。再次則『匪惟傳信，抑用樹風』，從選擇傳主到行實紀傳，尤其是傳後的叙論，皆着眼於『鏡今昔、垂鑒誡』『彰往蹟、宣人文』，經世致用，教化社會。不僅取捨公正、品裁得當，而且撰述精審、立論協和，做到『是非不謬，美刺不爽，令覽者知所勸懲』，發揮存史資治的歷史作用。

《皇朝中州人物志》傳世僅初刻本，一藏於日本内閣文庫，二藏於臺北『國家圖書館』，另上海圖書館藏有殘本。此次整理，以日本内閣文庫藏初刻本爲底本，同時參校《明實録》、《明史》等明人傳記、《國朝獻徵録》等碑傳資料，錯訛或闕疑處，出校勘記以説明之。爲便於讀者參閲，書名改爲《明朝中州人物志》。

# 目録



## 智

卷之二



卷之三

## 卷之四



聖

## 卷之五



## 卷之六

## 卷之七



# 義

## 卷之八



## 卷之九

中

和

卷之十四



卷之十五



卷之十六

# 《皇朝中州人物志》序

賜進士出身通議大夫兵部左侍郎前都察院右副都御史歷奉敕總理糧儲河道提督軍務營田巡撫應天等府山東等處地方餘姚翁大立撰

宗正西亭先生受聘纂《中州通志》，歷朝人物既撰次以傳，復取國朝一百四十人，仿世史，述其平生，各爲論斷，凡十六卷，藏于家。仲氏西園君寓書徵序。予讀之，即予督學中州時與公商訂鄉賢也。鄉賢祀諸學宮，國家故典，予恐其濫，乃妄置評焉，曰：『有一鄉士，有一國士，有天下士。一鄉士，祀于邑；一國士，祀于郡；天下士，祀于省；不宜祀者黜。』公曰：『不可祀于郡者，下之邑，已不堪矣，況黜耶？』予曰：『公之言，厚矣。』遂不果行。今觀公所采録，皆河嶽孕靈而壹禀於中和之氣，非偏方比。然世隆則隆，故盛於周，再盛於漢，又盛於宋，特盛於[二]今。今談理學者盈天下，孰與薛文清、曹月川、閻子與？談邊務者盈天下，孰與馬端肅、許襄毅？談詩者盈天下，孰與李空同、何大復？其他秉忠義、植風紀、敦學行、展經綸，若鐵南陽、軒鹿邑、顧太康、耿盧氏、黄封丘、李文達、劉文靖、王文莊、劉文肅、何柏齋、崔文敏、許忠節、曹新蔡諸公，未可殫述，皆所謂天下士，得一人且足爲一代重，况若是多耶！於乎盛矣！昔孔子志三代之英，深慨杞宋，杞宋固中州邑，公爲斯志，體裁渾厚，而文復雅馴，萃文獻以鳴國家之盛，使孔子可作，必曰吾有徵焉，真良史也。公高皇帝七世孫，别號東陂居士，以學行簡爲宗正。早歲講業水竹居之西，學者稱西亭先生。

明隆慶四年秋八月望日

【校記】

〔一〕底本以下兩頁與『後序』有錯簡。

# 《皇朝中州人物志》後序

賜進士第嘉議大夫山西按察使前奉敕提督閩蜀學政臨海金立敬撰

粵昔文獻不足，二代無徵，夫子傷之。史遷氏表記古今人物詳矣，然或以砆混玉，至是非謬於聖人，其抑也不爲訾，而揚也顧見病，抑何貴也。君子謂立於堂上，斯堂下人曲直辨焉，深有味乎其言之也，故曰作史有三長：博摭惟精，考辯惟核，擇取惟公。斯其爲堂上之見也。若遷氏固卑卑堂下處矣，奚三長足云也。且志人物，不獨表賢，爰以考世；匪惟傳信，抑用樹風。世昭明則才賢輩出，德表信斯風教攸彰，是傳志者，主在勸懲，低昂者衡以萬世，是焉得而弗重矣乎？夫聖作物睹，龍興雲從，上有肇運之君，下必生翊命之臣，朝著純德之士，鄉必盛不二之老，揚鴻烈，章緝熙，若唐虞之朝，九官十二牧，濟濟布列矣。然史氏又稱八元八凱，世濟厥美云。三代盛時，俊乂在官，雖曰野無遺賢，然故家遺俗，俊民逸老，亦往往表見於簡册。夫十室之邑，必有忠信，況兩河當天地之中，陰陽凝會，川嶽靈奇，自上世以來，河出圖，洛出書，賢聖繼作，參天翊運，邈乎不可尚已。後世若希文、君實之相，爲百代殊絶人物；伯淳、正叔之學，接孔孟千五百年道統；其他名儒碩輔，未易枚舉。迨我皇明，重熙累洽，道化沐浴，哲士聞人，應運迭起，而中州哲産及流寓，尤彬彬籍籍，甲於天下。故或潛心理學，涵泳聖涯；或奮迹經綸，攄猷王國；或危行足以正風，或修文足以擅世；或鳴鑣提旌，策勳銅柱之標；或捐生執義，致身首陽之節；或屹立於朝端，或表著於郡邑；或孝動州閭，或嘉遯泌水。他如介胄之士，藝術之流，效其謀勇，攄其巧智，亦往往足述焉，一何盛也！夫靈石異卉，必籍産以明珍；大貝南金，必標奇以紀勝，而况哲人君子，爲國大寶，摭其行事，又可略與？西亭先生淹貫經史，上下前古，及當代人物，若居層臺而騁，望衡鑒周矣。而茅土之邦，帶礪之地，尤其所注心焉。爰據考信，博以見聞，本行實以紀傳，因先後而敘倫。蓋自國初以迄于嘉靖人物，凡一百三十有奇，爲卷十有六，各爲論著，品裁當而撰述精，取捨公而輿論協，核而不俚，婉而有章，誠哉！其三長之具乎！非博物有道君子，其孰能之也！夫述聖者必修之踐履、相君者當先之大節，行貴正而不激，文尚華而不靡；樹勳者匪生事儌功，執義者不殉名自顯。立朝本正直忠厚，治民在循良子惠，孝出純誠，遯從所好，斯達人之鴻業，而哲士之上行也。歷觀所志人物，即所標樹，大都不是越焉。信乎夜光明月，燁若前陳，上昭我國家之盛，而垂休示鑒，真足以風乎後之君子爾矣。然是志也，行人人殊矣，論世者將何適焉。竊惟責人太備，非與物之宏心也，偏行自守，非盡己之全謨也。故語學術則薛文清之力行、曹月川之篤信，亦孔門之所謂狷也，進而求之，其必洋洋乎伊、洛之盛哉！語事功則馬端肅之經猷、劉文靖之獻納，亦管、蕭之儔匹也，等而上之，其必耿耿乎莘野之烈哉！志伊之志，學程之學，庶幾才全德備，而節義之崇峻、文章之炳蔚，舉兼之矣。斯則尚友千古，蓋不特一世之人物已也。是編所藉，夫豈曰小補云。業成，西園子雅承兄志，以付梓人，而必欲余一言。余愧寡陋，未升君子之堂，且病記史者是非之未公也，閲而好之，西亭子雅志春秋，恒爲余言聖人褒貶大義，兹足以徵其實云。

隆慶己巳秋九月朔

# 智

# 卷之一

何德　梅思祖　秦從龍　逯德山　王鳳顯　安然　凌漢　孫顯　張鵬飛　李叔允　陳士舉　王僎　李希顔　余思銘　李英　劉先　郭雲　世家寶　答禄與權

## 何德

何德者，光州人也。至正末，太祖龍興，德杖策來歸，從上定江左諸郡，轉征吴楚，屢立奇功，授驍騎衛千户。吴元年七月，沅陵人向珍八作亂，德率兵討之，至官廳巖，珍八以衆逆戰，德擊敗之，進拔其寨，而斬珍八。八月，逆黨周文貴率划船三百餘艘，復攻辰州，德使别將與戰於西門外，自將輕騎直抵其寨，攻破之，獲張千户等百餘人，文貴退保麻陽，德追擊之，又俘其萬户等四十四人，文貴遁去。是年，拜虎賁衛指揮僉事。既定中原，陞指揮同知，率兵守遼東。召還，改虎賁右衛指揮同知，尋擢大都督府都督僉事。十七年〔一〕，扈從北征。還，七月己亥，以疾卒于家，年五十二。賜葬鍾山之陰，追封廬江侯，謚壯毅〔二〕。

論曰：明興，諸將乘風雲之會，勒彝鼎之勳，何其盛也！及考其能保終始者則尠。廬江從定中原，戡平江左，其功烈不謂不著矣，而又榮膺爵號，白首令終，澤及子孫，無可瑕指。非惇謹者，能爾耶？《易》稱明哲，《詩》贊干城，若廬江，其庶幾矣。

【校記】

〔一〕「十七年」，關於何德之卒年，《明太祖實録》卷一三八洪武十四年秋七月條下云：「十三年改立五軍，遂爲左軍都督府都督僉事。至是北征還，以疾卒於家，年五十二。」《明史》卷一〇五《功臣世表一》亦稱何德卒於「洪武十四年七月」。又據《明史》卷二《太祖紀二》：「十四年春正月戊子，徐達爲征虜大將軍，湯和、傅友德爲左、右副將軍，帥師討乃兒不花。……夏四月庚午，徐達率諸將出塞，至北黄河，擊破元兵，獲全寧四部以歸。」則何德卒年當爲洪武十四年，底本作「十七年」誤。

〔二〕「壯毅」，《明太祖實録》卷一三八同底本，《明史》卷一〇五《功臣世表一》作「壯敏」。

## 梅思祖

梅思祖者，夏邑人也。初爲張士誠中書省左丞〔一〕，守淮安。歲丙午，大將軍徐達既下高郵，進兵攻淮安，思祖封府庫甲兵，率衆來歸，上嘉之，授大都督府副使。是年八月，從達伐吴，取浙西。十月，攻昇山水寨，克之，降僞吴將吕珍，得兵數萬。十一月，下湖州，進圍蘇州，吴元年九月，城破，士誠被執。師還，特降褒諭，擢浙江行中書省右丞，階資善大夫。十月，從征中原，克山東沂州等郡。洪武元年，取大梁，破陝州，下潼關，七月旋師，徇取河北，衛輝元守將平章龍二弃城走彰德，師至彰德，龍二復出走，同知某等詣降。達以思祖統和陽衛兵守之，復得龍二部將楊義卿船八十餘艘。未幾，檄赴北平，取未下州郡，遂征山西。二年，晉、冀悉平，復從征陝西，取奉元、鳳翔、平凉、鞏昌四郡。八月，於邠州獲故元參政毛貴等三十人，送大將軍斬之。十二月，中原平，賜思祖白金十斤，文幣十五襲。三年四月，擊走王保保軍於定西，還自秦州破略陽，入沔州，取興元。是年，論功封汝南侯。四年伐蜀，五年征甘肅，還命巡視山東、陝西、遼東諸處城池。十四年九月，四川水盡源、通塔平、散毛諸洞長官作亂，命思祖爲征南副將軍，同江夏侯周德興率兵討之。未幾，諸洞夷悉平。十五年，復同傅友德克平雲南，置貴州都指揮使司，以思祖署都指揮使。上以雲南初平，欲使重臣鎮之，又命思祖署雲南布政使司事。思祖善撫輯，民夷安之。十月丁丑，思祖薨，賜葬鍾山之陰。子義，武德衛指揮，陞遼東都指揮使。從子殷，自有傳。

論曰：馬援有言，匪獨君擇臣，臣亦擇君。當元季四海鼎沸，豪傑並起，汝南乃能鑒機審勢，率衆來歸，非凡夫淺人所可窺測也。卒從諸將建封侯之業，安反側之夷，芳垂竹帛，慶延支庶，智矣哉！智矣哉！

【校記】

〔一〕『初爲張士誠中書省左丞』，《明史》卷一三一《梅思祖傳》云：『初爲元義兵元帥，叛從劉福通。擴廓醢其父。尋弃福通，歸張士誠，爲中書左丞。』

## 秦從龍

秦從龍，字元之，洛陽人也。仕元，累官和林行省左丞，改江南行臺侍御史。會兵亂，避居鎮江。丙申，王師下金陵，遣大將軍達下鎮江。上謂達曰：『鎮江有秦元之者，才器老成，當詢訪致吾欲見之意。』達至鎮江，物色得之。時從龍有從孫永爲達部軍，因遣還報，上喜甚，命兄子文正及朱文忠以白金文綺聘之〔一〕，從龍遂與妻陳氏偕來，上親至龍江迎入。時上寓王綵帛家，因邀同處，朝夕訪以時政，從龍盡言無隱。既而上即元故御史臺爲府，居從龍西華門外，事無大小，悉與諮謀密書，漆板問答，左右皆不知，上稱先生而不名。每歲從龍生日，上與太子皆有贈遺〔二〕，或親至其家，與之燕飲，禮遇甚厚。乙巳，從龍從子澤死〔三〕，告還鎮江，上出郊握手送之。是年十二月，從龍卒，年七十餘。上聞驚悼。未幾，督兵至鎮江，親臨哭之，命有司厚恤其家。

論曰：元之當避地京口時，意豈天下復用哉！及王師下金陵，遣使敦辟。元之感上知，幡然而起，參帷幄，同起居，言行計從，情若魚水，亦不謂不遇矣。然稟命弗融，施設未究，迹其高皇所與，其亦章溢、陶安之流亞歟！

【校記】

〔一〕『朱文忠』，《明史》卷一三五《秦從龍傳》作『甥李文忠』，本書他处亦作『李文忠』。李文忠爲明太祖朱元璋外甥，朱元璋將其收爲義子，賜姓朱，故稱『朱文忠』。後其立軍功，朱元璋復其李姓。

〔二〕『太子』，時明太祖尚未即位，稱其長子爲太子不確，《明太祖實録》卷一八、《明史》本傳作『世子』，是。

〔三〕『從子』，《明太祖實録》卷一八、《明史》本傳作『子』。

## 逯德山

逯德山者，汝陽人也。少負大志，國初屢從征伐，以功授管軍鎮撫。癸卯秋，上討僞漢，德山大戰於鄱陽湖以死。甲辰夏，上舉報功典，命有司建忠臣祠，同韓成等三十六人祀於康郎山〔一〕，贈德山武節將軍、驍騎尉，封汝陽縣子。

【校記】

〔一〕『三十六人』，《明太祖實録》卷一四作『三十五人』，並詳列三十五人之名；《明史》卷一三三云『凡贈公一人、侯十二人、伯二人、子十五人、男六人，肖像康郎山忠臣庙，有司歲致祭』，總計三十六人。

## 王鳳顯

王鳳顯者，羅山人也。初授管軍千户，從上征討，多所克捷。癸卯秋，與僞漢友諒戰，死於鄱陽湖。甲辰夏，命有司建祠祀之，贈鳳顯武節將軍、驍騎尉，封羅山縣子。

論曰：余聞鄱陽之戰，不崇朝而肅清，此固神謨素定，亦諸將忠義感發使然也。自是吴楚嶺海之間，傳檄而定，王業之興，寔基於此。嗟夫！德山、鳳顯之死，豈徒然哉？康山之祀，百世無窮，固其宜也。

## 安然

安然者，祥符人也。元季爲山東行省左丞，守萊州。大軍下山東，然率衆歸附。洪武元年，授起居注，轉給事中，尋擢山東行省參政。明年，召還，爲工部尚書。五年，除河南行省參政。時蔡河壅塞，自開封抵陳州，漕爲之不通。然督工疏導，不逾月漕成。八年春，河决開封大黄寺堤百餘丈，命然復集民夫三萬人塞之。九年，改行省爲布政使司，擢然浙江布政使。十二年，復召爲御史臺右大夫。十三年再改左中丞〔一〕，夏五月癸巳，坐事免官還。未幾，復召爲四輔官。每論事賜坐，多所裨益。十四年八月卒，年五十有八。

論曰：安公去夷從華，可謂貞矣。而又乘時策勳，立致融顯，既罷復還，拳拳不釋於上懷，非忠誠能爾哉？《書》所稱『番番良士』，安公其近之矣。

【校記】

〔一〕『十三年』，底本無此三字，據《國朝獻徵録》卷五四所録《祥符安公然傳》、《明史》卷一三五《秦從龍傳》補。

## 凌漢

凌漢，字斗南，原武人也。洪武十七年，以明經舉至京師，獻《烏鵲論》。上善之，擢司經局正字，未幾，出知會稽縣，以事逮繫，久不決。會浙江按察使陶晟入覲，上知漢無罪，爲晟所淹，命還釋之，與偕來。既至，拜監察御史，巡按陝西。疏陝西民病數事，且言古人謂大夫出疆，有可以安國家、利社稷者，專之可也。臣竊以爲在春秋戰國則可，在今大一統時則不可，苟許其專，恐啓大臣擅權之漸。上善之，召其子賜鈔二百錠、衣一襲。及還京師，有德漢者遇諸途，邀漢飲，厚貽以金。漢曰：『子罪當爾，律有定法，非我私子，酒可飲，金不可受。』上聞之，嘉嘆，擢漢爲右都御史。時詹徽爲左都御史，論議數不合，每面折徽，徽銜之，奏遣按事蘇松，因嗾御史桂滿劾其失職，左遷刑部侍郎。未幾，命署吏部，數月改禮部，又數月，上憫其衰，令歸田里。漢叩頭曰：『臣願生居京都，死葬京土。』上許之，命居於私第。歲餘，徽誅，起爲左贊善。又歲餘，復拜右僉都御史，尋令致仕。漢入辭，上問：『先賜歸不行，今歸何也？』對曰：『先詹徽在，臣有後憂。今徽伏誅，臣無憂，故敢歸爾。』漢有治才，且剛方不屈，故時人多忌之云。

論曰：明興之初，取材有四：曰薦舉，曰歲貢，曰舉人，曰進士，蓋未之有軒輊也。當是時，瘡痍甫平，法令明核，士罕樂進取，往往搜之巖澤，而貢之諸所，黜陟多出自上裁。而時以薦起家者十之八九，於是有明經、方正、賢良、孝廉之稱，而科目猶未重也。其後，海内無事，農服舊疆，士稍稍修鉛槧之業，應會者彬彬至矣。是以辟薦漸少，而進士之科獨重，蓋治久文盛，亦勢使然也。嘗考國朝以事功稱者，多由薦舉，如淩公輩是也。至於歲貢、鄉舉，尤顯著，蓋不可勝數矣。正德以來，匪惟辟薦不用，即貢舉者尠登三事，而事功乃不逮，此非忘本趨末之效邪？於戲！風俗欲其淳美，教化欲其昭明，四途之制必不可闕矣。

## 孫顯

孫顯者，信陽人也。父喪廬墓，鄉里稱其孝。洪武二十年，以鄉舉授工科給事中〔一〕，峻潔明敏，遇事能斷，累官工部尚書。坐事謫戍雲南，没其家，得水牛一隻，草屋數間。使者旋報，上嘉嘆，即召還復職。顯至中途，卒。

【校記】

〔一〕『洪武二十年，以鄉舉授工科給事中』，明蕭彦、王致祥等撰《掖垣人鑒》卷九稱孫顯爲『洪武二十二年舉人』。

## 張鵬飛

張鵬飛者，唐縣人也，初名九萬。洪武二十年，以耆宿徵詣京師，奏對稱旨，遂賜今名，字之曰九萬，授以户部郎中。一日入朝，有同里人饋鴨卵者，强其家人受之，及鵬飛歸，笞其家人，詣朝自劾，上笑曰：『張郎中何乃至此！』賜鈔二十貫，以旌其廉。尋陞陝西平凉知府，未之任卒〔二〕。

論曰：國初法令明覈，其仕於朝者，亦皆振勵，罔敢虐下而恣取也。孫公顯、張公鵬飛，硜硜然以清節自守，惟恐其有緇染也。於戲！若二公者，雖古之廉吏，亦何加焉！

【校記】

〔一〕『未之任卒』，明過庭訓《本朝分省人物考》卷九一作『未行，以明刑命録大理寺囚，三月讞獄平允，尋卒於京師』。

## 李叔允

李叔允，字叔允，鈞州人也。洪武三年，任國子博士。尋入東宫兼伴讀。六年，奉詔纂修《昭鑒録》，擢修撰。八年，修《洪武正韻》，亦與焉。年七十，以老乞歸，許之，賜白金百兩、綺衣一襲；皇太子、親王又各賜錢萬八千，兼以酒饌，寵賚至渥，縉紳榮之。

## 陳士舉

陳士舉者，衛輝人也。洪武三年，有司以儒士舉，時四方被薦者頗衆，詔禮部復試之，其中選者士舉暨桐廬魏潛等凡十九人。會入謝，太史奏文星見，上喜，士舉等皆擢監察御史。

## 王僎

王僎，字幼度，祥符人也。元末爲國子助教，洪武初徵爲修撰。四年，開科取士，僎與典試，又命於大本堂授吴王經，尋遷待制，同宋濂修輯《洪武正韻》《昭鑒録》諸書。八年秋，上憫其老，賜致仕歸。後以子弘爲龍江遞運官，忤丞相胡惟庸，寘之理。惟庸敗，僎來京師，授徒自給，上忽問僎安在，左右告以故，上即召見，慰勞甚至，賜以綺帛，仍給舟車送還。僎爲人質直嚴重，年七十餘，終於家。

## 李希顔

李希顔者，郟縣人也，隱於夾谷，學以伊洛爲宗，從游者甚衆。初，太祖爲諸王子擇師，用廷臣薦，手自爲書，徵至京師，命詣大本堂授經，其教法嚴毅，雖諸王子有弗若教者，嘗以管擊其額，帝撫而怒，孝慈高皇后從容問曰：『惡乃以堯舜訓爾子邪！』帝笑而不罪，累授左春坊、贊善大夫。永樂初，引年歸，詔復其家。所居湫隘，飲酒自放，州郡屢聘課士，不赴，懷貞寡合，邈然無所干請，竟以凍餒終，葬邑之塔亭鄉。所著有《大學中庸心法》二卷。

論曰：余聞太祖渡江之後，即建禮賢館居四先生。洪武初，復開大本堂，延訪四方名儒俊髦，以備顧問，或事纂修，或令輔導青宫，或令授經諸王，彬彬然可謂盛矣。即漢東觀之選，何以過之。當是時，同事者叔允、士舉、幼度及李贊善，而景濂、平仲諸君爲之表著，其它如馬亮輩湮滅不聞，惜哉！

## 余思銘

余思銘者，商城人也〔一〕。元末以義兵歸附，授平章職事，守禦金剛臺。甲辰八月，詔思銘領所部兵從征，是年，平司空山程德權有功，乙巳擢六安衛指揮同知〔二〕，仍司金剛臺事，復擒德權餘黨祝平章等，檻送中書省誅之。洪武元年，思銘如京師，推恩授兄子端廣東廣川衛鎮撫，勤湖廣銅鼓衛鎮撫，思銘益自感奮。九月，從總戎宋公渡河，克懷慶、澤、潞等處。二年，復命攻桃花、尾尖二寨，平之，事聞，封思銘父法爲明威將軍、指揮僉事，母鄭氏德人。已而復從大將軍取魯臺、陝西鳳翔諸郡，賜緋衣一襲、綵榻一面，調守平凉。明年，收王保保歸，徙寧夏衛，給誥世襲。五年，復徙華山衛。八年正月，坐事左遷寧夏指揮僉事。三月，復歸華山。十一年，詔征西番，至中途病卒，子亨襲。

【校記】

〔一〕『商城人』，明嘉靖《商城縣志》作『隆門里人』。隆門里在今河南省信陽市商城縣余集鎮一帶；清嘉慶《商城縣志》云：『江西人，原平章余普清之子。元末避兵金剛臺，從者萬餘人，遂居於商。』

〔二〕『六安衛』，原作『陸安衛』，『陸』乃『六』之大寫，據《明史》卷九〇《兵制·衛所》、清嘉慶《商城縣志》改。

## 李英

李英者，武陟人也。仕元爲河南行樞密院知院，洪武元年自陝州來降，授沂州衛指揮僉事，從右丞相徐達、平章常遇春定中原，收北平，追哈剌章國公至興和，還取保定、中山諸郡，復追獲元知院豁鼻馬等。二年，從達平陝西。三年，征定西，擊走王保保。復從御史大夫湯和征察罕腦兒，取東勝、沙静等處。四年，伐蜀，克階、文二州，敗僞丞相戴壽等于成都。五年，曹國公李文忠征沙漠，英與哈剌章戰于烏龍江，破走之。十一年，又從西平侯沐英征西番，擒三副使，以功累遷驍騎右衛。十四年，潁川侯傅友德征南，以英爲前鋒，既克雲南，進攻楚雄、大理，皆有功。及攻圍烏撒諸蠻，土官實卜等以衆數萬拒戰，英與麾下士奮擊，斬數百人而死。詔贈鎮國將軍、指揮使。子堅，自有傳。

## 劉先

劉先，字光祖，密縣人也。仕元爲平章政事，元亡，以所部兵來歸，從鄂國公常遇春、信國公湯和收河北諸郡。洎西戡晉、絳，敗王保保兵，復從大將軍達克陝西秦、鳳、環、慶諸州。洪武初，由平凉入覲，授驍騎前衛指揮僉事。明年，復從征迤北，調驍騎左衛。七年，守茶陵衛，加授廣威將軍。十四年，調征雲南，所至身先士卒，大小五十餘戰，俘獲斬馘甚衆。雲南平，置烏撒衛指揮使司，擢先爲指揮同知以鎮之。時治所新設，莅事精勤，蠻獠畏服，進懷遠將軍，卒於官，年六十三。子廣，積官驃騎將軍、右軍都督府都督僉事。

## 郭雲

郭雲者，南陽人也〔一〕。有勇略，值元季之亂，雲起義兵保鄉郡，元聞之，授以平章事〔二〕。太祖既定中原，河南諸郡皆下，雲獨守裕州，累諭不服，志在興復，久之勢孤援絶，軍敗被執，終無一言，自分必盡，爲所守者慎羈不獲，遂械至京師，上嘉雲忠義，命解其縛，且慰撫之，授以親民之任。無何，政舉民服，上奇其才，擢南陽衛指揮僉事。雲築城建衛，撫綏軍民，咸得其所。以疾卒，上悼惜，親製文祭之。子洪，特授宣武將軍、僉飛熊衛親軍指揮使司事。

論曰：國之將興，必有虎臣，所以捍外而衛内也。思銘、英、先從諸將定中原，戡晉、絳，雲守南陽，和輯軍民，俱以勳蹟勒之琬琰，非世之所謂虎臣者耶？英死於烏撒蠻之難，其節尤偉。今之録功臣者不載，何哉？

【校記】

〔一〕『南陽人』，清嘉慶《南陽府志》作『隨州人』。

〔二〕『平章事』，據《明太祖實録》卷九〇洪武七年六月條、《明史》卷一三四《郭雲傳》，當作『湖廣行省平章政事』。

## 世家寶

世家寶者，臨潁人也。其先出蒙古，姿貌豐整，有文武才。本姓李，初仕元〔一〕，賜姓世。至正末，以集賢院學士守膠東登、萊諸郡。洪武元年，大將軍下山東，遣參政傅友德取萊陽。正月丙子，家寶籍車馬之數，同僉院王世隆等詣降，上嘉納，授大理寺少卿。是年八月，始設六部，以家寶爲禮部侍郎。二年，陞刑部尚書。未幾，坐事貶知廬陵。召還，授兵馬指揮司副指揮，改兩浙運鹽使司同知。十五年，進知臨安府，秩滿賜致仕。還後復召至京師，遣賑廣東興寧、長樂二縣飢民，所活甚衆。二十七年冬，卒于家。子寧，以軍功授泗州鎮撫。

【校記】

〔一〕『本姓李，初仕元』，《國朝獻徵録》卷四四所録朱睦㮮《世家寶傳》作『本姓初，仕元』，《明實録》《明史》及明人史傳、別集未見記載其本姓，《國朝獻徵録》當漏録『李』字，后世稱其『本姓初』者，蓋據《國朝獻徵録》。

## 答禄與權

答禄與權者，永寧人也。其先本蒙古〔一〕，博學强記，善屬文，仕元爲河南北道廉訪司僉事〔二〕，以故官入朝。洪武六年，爲秦府紀善，改監察御史。上疏言：堯、舜、禹、湯、文、武相承爲道統，孔子、顔、曾、思、孟相傳爲道學，宜崇祀典。七年八月，復上疏言：王者立始祖之廟，又推始祖所自出之帝祀之于廟，故曰禘祭。今受命已七年矣，而禘祭未舉，甚爲匪彝也。上皆納之。無何，出爲廣西按察僉事，未到官，召還。八年三月，擢爲修撰，降典籍，轉應奉。致仕，自稱洛上翁。上親爲説辯之文，多不載。其時又有編修馬沙、亦黑、馬哈麻者，亦西域人。

論曰：家寶、與權皆戎狄之裔，入事明廷，或以論議寤主，或以惠澤及民，擢置清華秘近之地，言行莫逆，榮譽終始，雖其才足以自致，然皇祖用夏變夷之意，亦可仰見矣。

【校記】

〔一〕『其先本蒙古』，據今人楊鐮《答録與權事迹勾沉》一文考證，『答録』爲西域乃蠻族姓氏，《明實録》《明史》等稱『答禄與權』爲蒙古人當誤。

〔二〕『河南北道』，元代無『河南北道』建置，疑當作『河南江北道』（又作『江北河南道』）。

# 卷之二



## 蔡子英

蔡子英者，永寧人也。元季舉進士，以擴廓帖木兒薦授參判，累擢都督參軍。及王師征西，擴廓帖木兒軍敗，子英單騎入終南，有司繪形求之，檻送京師。至江濱，亡去。未幾，陝西又購得之。械過洛陽，遇信國公湯和，不爲禮。和怒，焚其鬚懾之，終不屈。其妻適寓洛，聞子英至，欲與相見，子英避不肯見。至京，上命釋之，授以官，子英不受，退而上書曰：『欽惟皇帝陛下乘時而起，提三尺劍削平群雄，混一四海，九夷八蠻，莫不賓貢。臣釜魚漏網，假息南山，曩者見獲，河南拘送京師，垂及渡江，復得脱亡。七年之久，勞勤有司，既違陛下，又忤大臣，揆之常情，雖死不足以贖其罪，而陛下以萬乘之尊，欲全匹夫之節，不降天誅，反療其疾，易其冠裳，賜以酒饌，授以名爵，陛下之量包乎天地之外矣。臣感恩無極，非不欲竭犬馬之力以報覆載之仁，但以名義所在，不敢改其初志。自惟家本韋布，遭值亂離，操戈行伍，智識粗淺，過蒙主將知薦，仕至七命，躍馬食肉，十有五年，愧無尺寸之功，以報國士之遇。及國家板蕩，又復失節，何面目見天下士！所以寧死不敢有他志也。蓋臣之仕君，猶女之適人，一與之醮，終身不改。昔馮道歷仕五代，司馬光曰：「不正之女，中士羞以爲家；不正之人，中君羞以爲臣。」偉哉，言乎！管子又曰：「禮義廉耻，國之四維。四維不張，國乃滅亡。」方今金城湯池，兵極其精，器極其利，府庫充實，米粟紅腐，國家之盛，古未有也。陛下猶以爲未足，於是興學校，明人倫，褒死節，獎忠義，蓋以爲治天下之本，莫大於禮義廉耻也。夫以今天下之廣，人物之衆，既不以臣一人而加少，又豈以臣一人而加多。授臣以官，何益於國？捨臣不用，何損於事？陛下創業垂統，正當提挈大經大法，以昭示聖子神孫、功臣烈士，不宜以無禮義廉耻之俘虜而厠於維新之朝、賢士大夫之列也。臣自被獲以來，日夜所思，惟追咎昔之不死，以爲今日惟死可以塞責，陛下乃待臣以禮，沐臣以恩，臣固不敢賣死以市名，然亦不敢全身以苟禄。若察臣之愚，全臣之志，禁錮海南，以終雍露之命，則雖死於炎瘴，亦授賜多矣。』奏入，上命館於儀曹。忽一夜大哭不止，人問之，子英曰：『思舊主耳。』語聞，上知志不可奪，敕有司送其出塞。

論曰：豫讓云：『吾之所爲，正以愧天下之懷二心者。』千載而下，誦其言，使人慨慕無窮也。子英乃亡國俘虜，皇祖憐其才，欲授以爵。子英不受，退而上書以自明，可謂皦然不欺其志矣〔一〕。其書辭，世尠有知者，余故著於篇。

【校記】

〔一〕『欺』，原作『期』，據《國朝獻徵録》卷一一三所録朱睦㮮《蔡子英傳》及文意改。

## 丘鐸

丘鐸，字文振，祥符人，誠意伯劉基之弟子也。通儒書，兼習醫家之言。至正末，父誠爲湖廣儒學提舉〔二〕。鐸侍母留吴越間，欲往從之，會江右兵起，武昌陷，二浙繹騷，鐸憂懼不知所爲，乃避地四明。暨江南皆歸職方，復奉母至南京，已而其父亦至自武昌。鐸家貧，賣藥市中以資養，未幾，弟鈞爲會稽上虞巡檢，鐸與父母皆往會稽。母疾，鐸晝夜泣禱，乞以身代，及歿，哀慟幾絶，卜葬鳴鳳山，哭曰：『母生鐸，只尺不離膝下，今歿，可委體魄於無人之墟乎？』乃結廬墓側，朝夕上食如生時，當寒夜月黑，悲風蕭颼，恐母岑寂，輒巡墓號曰：『鐸在斯！鐸在斯！』其地多虎，聞鐸哭聲，輒避去。會稽人異之，稱爲真孝子云。先是，鐸在四明，從祖父母居汴者八人，貧不能自存，鐸咸迎養，死皆返葬，人以爲難。其姑適河南匡氏者，年十八，夫亡，誓不再適，鐸義之，養其終身。其制行峻絶，皆類此。

【校記】

〔一〕『湖廣儒學提舉』，《國朝獻徵録》卷一一二所録宋濂《孝子丘鐸傳》作『湖廣等處儒學提舉』。

## 周炳

周炳者，舞陽人也。事母焦氏至孝，母嘗病篤，炳哀號籲天，願以身代，遂愈。後復病滯下，思食獐肉，炳四出求之，不得。是日晚，忽有獐入其家，即取供母，母病復瘥，人以爲孝感所致也。宣德間，詔修《五倫書》，而炳與魏敏皆與焉。

## 魏敏

魏敏，字好學，鞏縣人也。洪武二十一年進士，授吏科給事中，以母病，謁告歸省，未至而母卒，敏即之墓所，哀慟，水漿不入口者五日。廬墓三年，旦夕衰服哭奠如初喪，鄉里稱其孝。

二十六年〔一〕，以守臣請，甄表其門。

【校記】

〔一〕『二十六年』，《明太祖實録》卷二二二作『二十五年』。

## 岳仲明

岳仲明者，固始人，宋鄂王七世孫也。洪武初，徙家於汴。仲明少負清節，隱居不仕，嘗廬墓九年，有司以孝廉舉，朝廷三召不起，賜號純孝先生。今三召祠故址尚存。所著有《遺安集》。

論曰：前史所載姜之魚、王之雀，其事頗涉誕異，余未嘗不疑焉。今觀丘之徙虎、周之獲獐，較然而著，不其信哉！魏公以廬墓被旌，岳公以孝徵不起，事皆有足稱者，故以類附焉。

## 鐵鉉

鐵鉉者，鄧州人也。洪武間，由國子生授禮科給事中，遷五軍都督府斷事，奏對詳明，皇祖喜，字之曰鼎石。時親藩有訴違法狀者，屬法司數日，獄不具，皇祖怒，命鉉鞫立就，自是益愛重之。凡有疑獄，必以屬鉉。革除間〔一〕，擢山東布政使司參政。庚申，靖難兵起，曹國公李景隆駐師德州，鉉督漕運，水陸兼進，未嘗匱缺。既而軍敗南奔，與參贊高巍相遇於臨邑，遂協謀募兵固守濟南城，有攻破者輒完之。鉉潛置板於城梠，僞啓門降，欲誘入閉之，幾中其計。兵圍三月餘不下，乃弃去。事聞，革除君遣使賜以白金綵幣，封及三代。鉉入謝，賜宴，陞右布政使〔二〕。尋陞兵部尚書，佐大將軍盛庸總天下兵，仍守濟南。及文皇踐祚，擒至京師，不屈，遂死。時壬午十月十七日也，年三十七。父仲明〔三〕、母薛氏俱置海南。

【校記】

〔一〕『革除』，《明史》卷一四二《鐵鉉傳》、《國朝獻徵録》卷三八所録宋端儀《兵部尚書鄧州鐵公鉉傳》作『建文』。建文四年，明成祖在靖難之役成功後，廢建文年號，改是年爲洪武三十五年。臣下嫌於記載，乃稱『建文』爲『革除』。至萬曆二十三年明廷方復『建文』年號。下文『革除君』，即建文帝。後不再出校。

〔二〕『右布政使』，《明史》本傳、《兵部尚書鄧州鐵公鉉傳》作『山東布政使』。

〔三〕『仲明』，底本與《國朝獻徵録》卷三八同，《明史》本傳、明錢士升《皇明表忠紀》卷二作『仲名』。

## 程本立

程本立，字原道，洛人也，上世徙崇德〔一〕。少舉明經，洪武十三年補周府引禮，從王之國，進長史，坐事謫雲南馬龍他郎甸長官司吏目，留家大梁。三十一年，徵入翰林。纂修高廟《實録》

成，改江西按察副使，未至任，聞靖難兵入京師，自經。

【校記】

〔一〕『洛人也，上世徙崇德』，《明史》卷一四三《程本立傳》作『崇德人』，《國朝獻徵録》卷五六所録戚元佐《僉都御史程公本立傳》作『桐鄉人，其先徙自伊川』，《皇明表忠紀》卷三作『系出伊川，上世徙杭，再徙崇德，析爲桐鄉』，明嘉靖《浙江通志》作『裔出伊川先生，其先宋嘉熙間徙杭，再徙崇德，後分崇德置桐鄉，遂爲桐鄉人』。可知程本立之祖先由伊川遷居杭州，再遷至桐鄉，其當爲桐鄉人，底本誤。

## 邊昇

邊昇者，滎澤人也。洪武初，以明經貢入禮部，累官兵部侍郎，有氣節，多技能。文皇初渡江，昇率兵拒之，殊死戰，及敗被獲，語不屈。上怒，命左右殛之。

## 王良

王良，字天性，一字文信，祥符人也。洪武末，以刑部侍郎出爲浙江按察使〔一〕，廉潔明峻，以忠義自許。每晨詣本司岳廟焚香矢心，蓋慕王之忠烈也。革除間，良知天下事將有變，預蓄草薪，堆積室內。靖難師起，良語其妻曰：『吾平生以忠義許國，今事至矣，汝意何如？』妻慨然曰：『大丈夫見義勇爲，何用謀及婦人？且公既爲忠臣，妾豈不能爲義婦乎？唯此數歲兒，祀不可絶。婢某聰慧至誠，必能撫養。某僉事夫人與我最厚，當盡我簪珥與此婢，投匿僉事衙，若得撫養成人，庶不絶嗣。』良然之，遣婢去，乃闔門索火，火未至，而妻已投池中死矣。良具衣冠，舉火端坐而歿。正德間，按察使梁材立祠於本司祀之。

【校記】

〔一〕『洪武末，以刑部侍郎出爲浙江按察使』，《明史》卷一四三《王良傳》作『建文中，歷遷刑部左侍郎。議減燕府人罪，不稱旨，出爲浙江按察使』，《國朝獻徵録》卷八四所録《忠節録》之《王良傳》、《皇明表忠紀》卷三作『歷官刑部左侍郎，建文中……左遷浙江按察使』，清查繼佐《罪惟録》卷一二作『歷官刑部左侍郎，建文三年……左遷浙江按察使』，可知底本表述不甚準確。

## 李堅

李堅者，武陟人也。洪武中，以功臣子選尚大名公主，授駙馬都尉。革除君即位，公主進封大長公主，堅以軍功封灤城侯。無何，命耿炳文北征，拜堅爲左副將軍。及與北兵戰於真定，時炳文軍惟備西北，其東南無備，北師出其不意，夾擊之，炳文幾爲所擒，北將丘福攻子城，堅領兵接戰，互有勝負。已而兵敗，丘部内騎士薛禄引槊刺堅墜馬，刀斫之，堅大呼曰：『我李駙馬也，勿殺，勿殺！』祿生擒之以獻。文皇謂曰：『爾至親也，今至此，尚安逃乎？』械送北平，道死。子莊當襲爵，公主時猶在，懼禍至，乃納其誥券，莊遂流寓南京，娛情詩酒，以壽終焉。

論曰：予聞革除間，周是修死，文皇曰：『彼食其祿，自盡其心爾。』昭皇又曰：『方孝孺輩皆忠臣也。遂肆大眚，俾爾宗爾姻悉從輕典，且俾田爾芸、宅爾勿瀦。』又謂曰：『忠臣宜有傳，不書則何以示勸也？』於戲，仁哉！中州有司馬鐵公、副憲程公、亞卿邊公、憲使王公、都尉李公，當是時，或以慷慨捐生，或以從容就難，皆可謂不愧臣節矣。予恐歲久湮滅弗聞，故録于篇，以承二聖之意云。

## 房安

房安，字子静，汝陽人也。年十九，徵至京師，太祖一見奇之，即擢北平按察僉事，陞江西按察使。文皇即位，安與布政使楊連〔一〕、僉事吕升並爲軍卒執告，上釋不誅，謫戍興州。後召爲監察御史、福建布政司左參政〔二〕。安莅事嚴敏，嘗行縣，貪墨之吏皆望風遁去，擢工部左侍郎，數日出爲山東右參政。同官魏瑛誣告誹謗，下詔獄。安不勝掠治，悉引伏，闔家謫戍交阯，安坐大辟。會瑛他罪覺，併驗所告安事非實，遂釋安，召還其家屬，改安四川右參政。未幾，復改交阯。

卒於官。

【校記】

〔一〕「楊連」，《明太宗實録》卷一二下作「楊璉」。

〔二〕「左參政」，《明太宗實録》卷八四、卷二六一，《國朝獻徵録》卷一〇三《房安傳》，《國朝列卿記》卷六四均作「右參政」，底本誤。

## 王平

王平者，息縣人也。洪武中，以國子生擢江西道監察御史，陞陝西按察使。文皇即位，召爲都察院右僉都御史。坐事謫衛經歷，用薦陞福建布政司左參政，從英國公輔征交阯，事平，進交阯右布政使。時清化府蠻賊梗化平，與都督黄中往鎮其地，民賴以安。還至交阯，卒。平爲人氣剛，不容物，臨政頗刻，而所至不受私饋，交人至今誦之。

論曰：房公安歷使六省，俱有名迹，以疾惡過嚴，嘗被誣訴，闔門逮繫，瀕于死者數矣。王公平執法不渝，剛稜太露，以故躓而復奮，卒擯遐荒。語曰：直木先伐，直躬先蹶。非二公之謂乎！

## 王鈍

王鈍，字士魯，太康人也。至正間舉進士，授猗氏縣尹，元亡，隱居教授河津。洪武六年，徵至京師，奏對稱旨，除禮部主事〔一〕，遷吏部總部郎中，出爲福建左參議，轉右參政。使麓川回，遷浙江左布政使，期月，以母喪去。詔徵詣闕，諭之曰：『浙江非卿不可治，襄事後勉起就任，以副倚注之懷。』命禮部厚加賻贈。鈍懇請終制，不許。在浙先後十年，四境晏然。當是時，太祖宵旰圖治，藩憲重臣能勝任而久於其職者，惟鈍與雲南布政使張紞，太祖嘗稱於朝，以勸庶僚。革除間，召紞爲吏部尚書，召鈍爲户部尚書。又明年，靖難兵至，鈍潛出城，欲亡，爲邏卒所執。文皇即位，召紞與鈍，諭曰：『卿二人久事先皇，習知典故。今皆老矣，其解職務，月給尚書半俸，居京師，視時政有戾舊制，並向朕直言之無隱，庶稱厚望老成之意。』已而紞自經於部之後堂，鈍承制巡視北畿、山東，事竣，乞骸骨。上命以布政使致仕〔二〕。鈍既歸，鬱鬱不樂，遂卒。所著有《野莊集》六卷，刻於家。子淪，自有傳。

【校記】

〔一〕『洪武六年，徵至京師，奏對稱旨，除禮部主事』，《明太祖實録》卷一一一洪武十年條作『以儒士王鈍爲禮部主事』，明嘉靖《太康縣志》作『洪武十年，以秀才舉，授禮部主客司主事』，可知底本『洪武六年』應誤，當作『洪武十年』。

〔二〕『使』字底本無，據《明史》卷一五一《王鈍傳》補。

## 梅殷

梅殷，字伯殷，汝南侯思祖兄子也。尚寧國公主，爲駙馬都尉。革除間，出鎮淮安。文皇靖難兵起，吏部侍郎茅大方嘗以詩寄勉之。北兵渡江，猶固守其地。及文皇踐祚後，殷諗其母家居無恙，遂散師還京，上宥之。已而有訴怨誹者，下詔獄。尋赦出，墮水死。謚榮定，子孫世襲孝陵衛指揮使。玄孫純，字一之，工文翰，登王華榜進士。尋復襲原職，遷中都留守。所著有《備遺録》數卷〔一〕。

【校記】

〔一〕『著有《備遺録》數卷』，《明史》卷九九《藝文四》載梅殷著有『《都尉集》三卷』，今未見其書。今存有《建文遺迹備遺録》，《四庫全書總目》云：『不著撰人名氏。……考《明史·藝文志》、黄虞稷《千頃堂書目》，皆不載此書之名，不知其爲何人。……録中皆紀建文死事諸臣，殊多傳聞失實。……皆荒唐無稽之言，不足取信。』

## 羅義

羅義者，河南人也。革除間，謫戍山西。時議舉兵伐燕，義詣闕上書，乞罷兵息民，以敦親恩。不報。及靖難師起，義又詣軍門上書，其略曰：『昔者武王崩，成王幼，周公乃叔父也，而輔相焉。管叔流言間王室，周公誅之。大王聰明英武，博通經史，今之周公也。宜以周公之心爲心，謹守燕土，則天下皆以爲周公之聖復生於今日矣。』又謂：『古之夷、齊，以國相讓，去隱於首陽山。矧聖賢欲成天下之事，必先明逆順之理、成敗之勢、禍福之機，又得天道之宜、人心之安，然後可。』書上，文皇怒，下獄。及嗣位，即召爲户科給事中。尋遷湖廣布政司左參議，復轉陝西右參政。

論曰：余聞文皇渡江，鈍亡不果，及里居，怏怏以卒。殷解兵還京，卒坐怨誹。嗟乎！二子以肺腑之戚、股肱之臣，不能諫主敦親保國，徒自悲怨以終，何益？義謫戍小臣，乃敢上書，翩翩有古烈士之風，言雖不見用，其志有足觀者。故特録焉。

# 仁

# 卷之三

張玉　任禮　梁銘子珤　徐理　房寬　馬亮　張昺弟昇　薛巖　傅安　王觀　衡岳　劉幹　芮翀　劉綱　滕霄　張宗魯　王中

## 張玉

張玉，字世美，祥符人也。以元樞密知院來歸，太祖禮遇甚厚，玉感奮思效。洪武二十一年，從征卜漁海子哈喇哈之地〔一〕，以功授濟南衛副千户。又從征粉紅帖木兒至延安延川〔二〕，進安慶衛指揮僉事。二十四年，北虜侵軼邊境，玉逐之，至鴉寒山而還，調燕山左護衛。明年，轉都指揮同知。

洪武三十一年〔三〕，文皇舉靖難之師，首用玉策，敓北平九門，三日，城内外悉定。師將出，上問玉何之，對曰：『薊州要地不先平，將爲後患。薊平，餘不足圖。』師至薊，諭之不下，玉環城而攻，薊守馬宣率衆出戰，遂執宣殺之，並執指揮毛某，玉知其才，釋之，送詣北平。是夜，玉趨遵化，簡勇敢士四鼓登陴，開其城門，將士皆入，城中始覺，守將率兵拒戰，執其將斬之，餘不殲一人，將吏悉隨玉上謁。而永平、密雲皆望風輸款。諜報，長興侯耿炳文率兵二十萬屯真定〔四〕。玉自請往覘，還言軍無紀律，不足慮也；若徑趨，彼雖衆，新集，我軍乘其未備，一鼓可破也。上曰：『然！』明日，遂抵真定接戰。炳文大敗，俘其左副將軍李堅、右副將軍寧忠及都督顧成等，斬首三萬餘級。上謂玉曰：『此行，汝之功也。非汝與吾意合，不及此。』

是時，江陰侯吳高以遼東兵攻永平城甚急，而曹國公李景隆引兵數十萬將下北平，上與玉謀先援永平。既至，高望風弃輜重而去，玉從上追之，俘獲甚衆。玉因言大寧去此不遠，請移軍襲之，遂攻大寧。自辰至午，城破，斬其都指揮朱鑑，執都指揮房寬，下令撫輯城中，頃刻而定。乃趨北平，而景隆兵已圍城數日，玉請先擊，然後入援，於是徑搗景隆營，大戰三日，城中亦鼓噪出，内外夾攻，景隆軍不支，遁去。

復攻廣昌、蔚州、大同諸城，皆下。無何，景隆收潰散卒號百萬，且復至。玉曰：『兵貴神速，先事者勝。請往駐白溝河以待。』後三日，景隆果至，玉擊之，斬馘無算。景隆退保濟南，玉乘勝追躡，圍其城，既而解圍，攻滄州，獲其大將徐凱。進攻東昌，而東昌兵已列，上以數千騎繞出陣後〔五〕，忽被圍，衝擊而出，玉不知上所在，突入陣大戰，連殺百數十人，玉亦被創而没。時年五十有八。上聞，哭之慟。

既旋師，諸將皆侍，語及東昌事，上曰：『勝負兵家常事，不足計，所恨艱難之際失張玉良輔耳。吾迄今寢不帖席，食不下咽。』乃潸然淚下，諸將皆感泣。上既踐祚，顧侍臣曰：『張玉才備智勇，論靖難功，當第一。惜其早没，贈奉天靖難推誠宣力武臣，特進榮禄大夫、右柱國，追封榮國公，謚忠顯。』昭皇嗣位，加封河間王，改謚忠武，配享文廟。

子三人：長輔，自有傳。次輗，天順初以翊戴功，封文安侯〔六〕。卒，子斌嗣，坐祝詛，國除。軏，與兄輗同日封太平侯。卒，子瑾嗣。成化初，以冒功，國除。

【校記】

〔一〕『卜漁海子』，明王世貞《弇州山人續稿》卷八三《定興宣平二王世家》同底本，《明太宗實録》卷一二、《明史》卷一四五《張玉傳》作『捕魚兒海』。

〔二〕『延安延川』，原作『延安延州』，《明太宗實録》卷一二作『延安延川』，《定興宣平二王世家》作『延川』，宋代陞延州爲延安府，元代爲延安路，明代仍稱延安府，延安府下轄延川縣，此蓋『州』『川』形近致訛，據以改。

〔三〕『洪武三十一年』，《明史》本傳作『建文元年』，靖難之役始於建文元年七月，底本誤。

〔四〕『二十萬』，《明太宗實録》卷一二、《定興宣平二王世家》同底本，《明史》卷一四五《張玉傳》作『三十萬』，又《明史》卷一三〇《耿炳文傳》云：『建文元年，燕王兵起，帝命炳文爲大將軍，帥副將軍李堅、寧忠北伐。……兵號三十萬，至者惟十三萬。八月次真定，分營滹沱河南北。』

〔五〕『數千騎』，《定興宣平二王世家》同底本，《明史》本傳、《中州人物考》卷六作『數十騎』。按，《明太宗實録》卷七載明成祖朱棣『率數十騎』爲建文二年十一月甲子事，而朱棣被圍及張玉戰死在十二月乙卯，《明史》或混用史料致訛。

〔六〕『文安侯』，據《明英宗實録》卷三三七，《明史》卷一二《英宗後紀》、卷一四五《張玉傳》、卷一〇七《功臣世表三》，張輗因奪門之變迎立英宗有功，於天順元年封『文安伯』，天順六年去世後贈侯，可知底本作『文安侯』誤，當作『文安伯』。

## 任禮

任禮者，臨漳人也。洪武初，授燕山右護衛總旗。革除間，文皇征懷來等處，禮以功擢副千户。又從戰於白溝河，克東昌、藁城、臨德及金川等九門，累擢都指揮同知。永樂初，上北伐，加驃騎將軍，逐胡寇本雅失里至静虜鎮而還，陞都指揮使。十二年、二十年俱從上北伐，陞中府都督僉事，命率兵討哈剌，及歸，轉左都督。正統改元，充總兵官，守甘肅。會虜至，禮擊之大敗，復追至石城，盡殲其黨。是年〔一〕，封寧遠伯。又招沙州都督喃哥等全部來降，詔許世襲。成化元年正月，禮薨，贈寧遠侯，謚僖武。子壽襲。壽坐失機，國除。

【校記】

〔一〕『是年』，據《明史》卷一〇七《功臣世表三》、卷一五五《任禮傳》，任禮封寧遠伯時在正統三年。

# 梁銘 子琮

梁銘，字自新，汝陽人也。父來，仕元爲錢唐縣尉。歲丙午，率所部來歸，從克温、台等郡，授某衛百户。洪武末，銘以蔭改補燕山前衛。革除間，北平城被圍，銘戰拒甚力，以功歷陞後軍都督僉事。侍昭皇監國於南京，坐事下獄。已而宥之，命往廣東備倭。及昭皇嗣位，陞都督同知，鎮守寧夏，封保定伯。宣德元年，從安遠侯柳升征交阯，卒於道。子琮。

琮字惟善，方數歲，悼父客死，不憚險遠，奉其喪歸。稍長，章皇念其世功，詔許襲父爵。琮既襲爵，益自奮勵，命領五軍營，紀律明肅，士卒屬心。正統十三年，鄧茂七叛，以薦充副總兵征之，事寧，會湖、貴苗蠻寇邊，琮復佩平蠻將軍印，率四省師往剿。至則擒僞苗王韋同烈等，披山通道，追奔所及，每戰皆捷。進攻零香寨，誅賊首苗銀虎等萬餘人。又攻靖州東山口及龍家隘，斬獲渠魁伍林、仲原等數千級，焚戰艦百餘艘，於是閩、越、湖、貴之地悉平。景泰間，進封保定侯，掌都督右軍府事。天順初，出鎮陝西三邊。純皇即位，召還，仍掌都督左軍府事。無何，疾作，薨，追封蠡國公，謚襄靖。子傳嗣。傳薨，子宗嗣。宗薨，子任嗣。〔二〕任薨，子永福嗣。永福薨，子繼璠嗣。

【校記】

〔一〕『傳薨，子宗嗣。宗薨，子任嗣』，據明鄭汝璧《皇明功臣封爵考》卷二《保定侯》，梁傳卒於成化十六年，有一子宗，宗卒於成化十七年，無子，由梁傳次子梁任於成化十八年襲爵。底本稱『任』爲『宗』之子，或誤。

## 徐理

徐理者，西平人也。國初，從諸將定江左諸郡，積官至永清左衛指揮僉事，調營州中護衛。文皇舉兵靖難，將下大寧，理從間道詣軍門請見，遂從上戰於白溝河，破雄縣、滄州、藁城，定兩淮入京，大小十餘戰，理皆賈勇争先，所向克捷，累擢都督僉事。壬午，封武康伯，賜白金三十斤、文綺二十襲、寶鏹二千五百貫，并貂蟬冠服，還守北京。理寬厚馭下，士樂爲用。永樂六年薨，子禎嗣。禎薨，子勇嗣。勇無子，國除。

## 房寬

房寬者，陳州人也。洪武中，以功累官指揮僉事。革除間，守大寧城，靖難師至，倉卒閉門拒守。文皇引數騎循繞其城，適至西南隅，城忽崩，文皇麾勇士先登，衆蟻附而上，遂執寬〔二〕。寬懼，歸附。是時，李景隆聞文皇克大寧，引兵來襲，文皇遣張玉將中軍、朱能將左軍、李彬將右軍、徐忠將前軍，寬即將後軍。十月，師入松亭關，而景隆軍鄭村壩，遣都督陳暉帥兵追躡。文皇命玉等逆擊之，衆大敗，至夜，景隆遁去。逾年，師還北平，玉等進秩有差，而寬陞北平都司都指揮使。及上即位，封思恩侯，賜白金、文綺、寶鏹并貂蟬冠服。子孫世襲指揮使。

【校記】

〔一〕房寬被執，《明史》所載與此文相異，卷一四五《房寬傳》云：『寬在邊久，凡山川厄塞，殊域情僞，莫不畢知，然不能撫士卒，燕兵奄至，城中縛寬以降。』《明太宗實録》卷九八同《明史》記載。此蓋作者避言中州前賢之污點而有意爲之。

## 馬亮

馬亮者，淇縣人也。洪武中，授燕山左護衛小旗。革除初，從文皇靖難，平密雲、雄縣、大寧等處，授都指揮僉事。及上即位，陞陝西都指揮同知。八年，從征阿魯台。二十年，車駕北征，亮復從，封半壁山而還。洪熙改元，陞右都督。宣德初，戡平會州，以功進左都督。正統九年，征流沙河逆寇，斬俘甚衆。是年五月，封招遠伯。十一年七月薨，以流爵國除。子驎，授指揮使。

論曰：予聞河間莊重果毅，器識宏遠，能與士卒同甘苦。當靖難之際，推誠致慮，夙夜匪懈，事可否，衆論紛紜未定者，河間不數語即決。故文皇舉措無鉅細必咨焉。東昌之戰，大功垂成，而挺身陷陣，唯義所在，視死如歸。於戲！若河間，可謂烈丈夫也哉！保定而下，其功亦有足稱者，因附列焉。

## 張昶 弟昇

張昶，字仲舒，永城人也。父麒，指揮使，永樂九年追封彭城伯，謚恭靖，後又贈彭城侯，乃誠孝昭皇后之父也。子三，長即昶。昶初冠時，昭皇爲世子，昶備宿衛，夙夜侍惟謹。文皇靖難師起，昶東取大寧，及戰鄭村壩，連大捷，以功授義勇中衛指揮同知。遼東兵攻薊州，昶擊敗之，追至榆口而還。是時，北平城被圍甚急，昶且戰且守。及上入繼大統，轉本衛指揮使。三年，調府軍右衛。二十二年，陞中軍都督府左都督。昭皇即位，封彭城伯。明年，侍衛章皇謁孝陵歸，命總督操練左哨軍馬〔一〕。正統元年薨〔二〕，葬宛平壽安山之原。子八人，輔、輅、輗、軏、軾、轍、䡫〔三〕、轅。輔先卒，孫瑾嗣。瑾卒，子信嗣。信卒，子欽嗣。

昇字叔暉，麒之季子也。初以城守功授義勇衛正千户。永樂三年，陞羽林前衛指揮僉事。二十一年，從上北征。明年，轉後軍都督同知。洪熙改元，陞左軍左都督。宣德初，車駕平漢，三年巡邊，俱命昇居守。四年，昇謝左府事，凡朝廷有大政，仍許預議。已而昭皇后命弗預。正統五年，以功封惠安伯，賜誥券，子孫世襲。六年正月薨，子軏嗣。軏卒，子琮嗣。〔四〕琮卒無子，弟瑛嗣。瑛卒無子，弟瓚嗣〔五〕。瓚卒，子偉嗣。偉卒，子鑭嗣。

論曰：余觀漢之外戚，離禍患而殲支屬者，豈可勝紀？何則？蓋地居貴寵，家承豐裕，驕侈不期而自至，禮度因縱而致敗，亦勢使然也。彭城〔六〕、惠安以勳閥之子、肺腑之親，皆位至列侯，卒保終始，雖其人忠慎退遜，然昭皇后之明，防禍未然，亦不謂無也。否則與田、竇諸子何異矣。

【校記】

〔一〕『左哨軍馬』，《明史》卷三〇〇《張杲傳》、《國朝獻徵録》卷三所録楊士奇《張公墓誌銘》均作『右哨軍馬』，底本當誤。

〔二〕『正統元年』，按《明英宗實録》卷四三、《明史》卷一〇八《外戚恩澤侯表》，張杲卒於正統三年六月，《明史》本傳、《張公墓誌銘》亦作『正統三年』，底本誤。

〔三〕『軏』，《張公墓誌銘》作『軗』。

〔四〕『子軏嗣。軏卒，子琮嗣』，《明史》卷三〇〇《張昇傳》作『軏早亡，孫琮嗣』。

〔五〕『弟瓚嗣』，《明史》本傳作『庶兄瓚嗣』。

〔六〕『彭城』，原作『彭成』，據上文改。

## 薛巖

薛巖者，陝州閿鄉人也。慷慨負志操，有治才口辯。洪武間爲鎮江知府，多惠政，累官大理寺少卿。革除初，特見信任。辛巳閏三月，兵屢敗，方孝孺建議草詔令，巖賫至北軍。又作宣諭文數百言，刊印千紙付巖，密散諸將士使歸心。巖見文皇曰：『殿下且釋甲謁孝陵，即暮下令旋師。』文皇叱其紿己，左右欲兵之。文皇曰：『此天子命使也。』釋之，而其謀不行。及内難平，免巖死，謫廣西。永樂初，安南國王爲黎季犛所弑，其孫陳天平自老撾來歸，季犛子蒼請還君之，上命廣西總兵官都督黄中以兵五千送歸國中，舉巖輔行，至芹站，伏發，劫天平去，巖亦被虜，自經而死。

## 傅安

傅安，字志道，太康人也。以縣吏起家，歷四夷館通事舍人、鴻臚寺序班，洪武二十七年轉兵科給事中。明年，復遷禮科都給事中。永樂初〔一〕，時西域撒馬兒罕弗賓，上遣安持節往使，至其國，以順逆禍福諭之，撒馬兒罕酋長負固不服，且諷安使降。安曰：『吾天朝使臣，可從汝反邪？』酋長怒，因羈留虜庭凡十三年，艱苦備嘗，志節益勵。酋長知終不可屈，乃以禮送還國，因獻名馬、珠玉以謝，自是王貢遂通。安既歸，以老病不能任事，懇乞骸骨。上憫之，賜一品服致仕，仍令有司月給米十二石、輿夫八人。宣德四年，卒於家。上遣官諭祭，仍命有司治葬事。墓在朱仙鎮岳廟後。初，安之使西域也，方壯齡，比歸，鬚眉盡白，同行御史姚臣、太監劉惟俱物故，官軍千五百人，而生還者十有七人而已。安卒後，子霖舉賢良方正，任錦衣衛經歷。

論曰：昔漢蘇武使匈奴十九年始歸，谷吉使郅支單于乃竟見害。今觀傅、薛事，亦何其相類也。夫事之遭值，有幸不幸耳。幸而事濟，完名全節，何必於死；不幸而臨難，豈求苟免？是故子卿、志道之不死，谷吉、薛巖之死，其致一也。要之，不辱君命，自靖其志而已矣。

【校記】

〔一〕『永樂初』，據《明太宗實録》卷六八永樂五年條下云：『兵部給事中傅安、郭驥等自撒馬兒罕還。安等自洪武二十八年使西域，留撒馬兒罕者十有三年。』《明史》卷三三二《西域傳》云：『（洪武）二十八年遣給事中傅安、郭驥等攜士卒千五百人往，爲撒馬兒罕所留，不得達。三十年又遣北平按察使陳德文等往，亦久不還。成祖踐阼，遣官齎璽書綵幣賜其王，猶不報命。永樂五年，安等還。』可知『永樂初』當作『洪武二十八年』。

## 王觀

王觀，字尚賓，祥符人也。洪武中，以鄉舉授蘇州知府，爲政嚴整，多所興建，發奸擿伏，民畏之如神明。有鷗吏錢英，累構陷長吏，人莫敢問，觀廉得，縛至庭，立捶殺之，由是豪奸屏息，百姓稱快。事聞，上遣行人白思中賜敕褒之，且勞以酒。歲大侵，民逋無所從償，觀乃延諸富室，集郡衙宴飲，風使出儲積以補不足，衆歡然應之，逋乃完。上嘉其能，榜示天下，以勵怠政者。今祀於蘇州名宦祠。

## 衡岳

衡岳，字世瞻，西平人也。其先世家隨州，父通，元季以武功累官百夫長，典屯香山。國初弃官歸，過西平，道梗不通，遂留家焉。岳少膺鄉試，遂升太學。洪武三十年，詔國子監選諸生詣詹事府議事，以岳所陳有裨時政，擢廣東潮州府同知。約己惠民，自常禄外饋遺無所取，布衣疏食，不異寒士。革除間，稍遷西安知府，其清操善政如在潮時。以内艱去，服闋，改慶陽。永樂十年，坐言事忤旨，謫戍交阯。慶陽、西安二郡民千餘人詣闕請貰，以終惠不報。昭皇嗣位，監察御史袁錠、運使何士英交章薦岳〔一〕，起爲南城令，尋改南豐。其爲令，禄薄不足用，常於官舍種蔬以自給，家人或有慍色，岳曰：『不猶愈於謫戍時耶？』正統初，擢桂林守，年逾七十，以致仕歸。景泰初卒，卒後二十年，刑部尚書何喬新表其墓〔二〕。

【校記】

〔一〕『運使』，《國朝獻徵録》卷一〇一所録何喬新《桂林太守衡公岳墓表》作『鹽運使』。

〔二〕『刑部尚書何喬新表其墓』，據《桂林太守衡公岳墓表》，何喬新作墓表時任河南按察使。

## 劉幹

劉幹，字孟楨，修武人也。洪武二十六年舉於鄉，授長洲縣丞〔一〕，清修苦節，民信愛之。比卒，邑人如失怙恃，貧不能歸，民爲買舟資送，留衣冠葬于虎丘山側，立石表其上曰劉公墩，歲時致祭焉。

【校記】

〔一〕『洪武二十六年舉於鄉，授長洲縣丞』，《國朝獻徵録》卷八三、張杲《吴中人物志》卷三称其永乐初授長洲縣丞。

## 芮翀

芮翀，字子翔，郾城人也。洪武二十七年進士，擢崑山知縣。首擯祇候諸蠹，治者舊有催租勾軍官校，久事邑中，籍官屋爲牢，禁里甲輩，多淹滯死。翀上章論劾，上屬御史李嶽究治，械送京師，凡二百餘輩，邑中晏然。永樂元年，坐事謫遵化冶鐵〔一〕，老人王榮率衆伏闕懇請，詔遣馳傳還任。後奏除事故，包荒田租十八萬有奇，復以浲潦請開蘇淞淤塞二十里許。上遣户部尚書夏原吉、太常少卿袁復臨視，翀復陳疏新塞舊之策，原吉多采用。五年，翀以母憂去，未幾，陝西按察僉事馬祥薦翀才堪理劇，吏部言崑山固劇邑，翀素得民，俾還舊治，從之。又九年，以父憂去。翀爲人雅正寬平，務存大體，略近名，赦小過，故治績甚多，莫可指數。仕至監察御史。

【校記】

〔一〕『遵化治鐵』，原作『遵化治鐵』，蓋『治』『冶』形近致訛。『遵化鐵冶』爲明代官營鐵廠，位於北直隸薊州境內遵化縣（今屬河北）西八十里。隸工部，先後設工部主事和郎中主管廠務。

## 劉綱

劉綱，字文紀〔一〕，鈞州人也。洪武三十三年舉進士，初授府谷知縣，治行卓異，擢寧州知州。寧在邊鄙，民夷雜居，號稱難治。綱至，墾田助耕，教以樹蓄，暇則聚士授經，崇奬節義，不拘拘於簿書，期會之間，一郡翕然化之。無何，以母喪免，郡中吏民數百人詣闕乞留，詔勉起。後數年，復以父憂去，郡人又上疏請，許之。綱在寧三十二年〔二〕，凡經訊鞫者，靡不悦服，囹圄幾虚，民不忍犯。嘗署臬司事，不旬日釋冤獄者數十人。仁宗朝特賜璽書并四品服以示褒異。每入覲，上臨軒問勞，且給酒饌，時人榮之。正統改元，年七十，屢請始得歸。歸之日，攀送者哭聲振野。郡舊有祠，祀良刺史狄仁傑而下六人，至是增綱，扁曰七君子祠云。

【校記】

〔一〕『字文紀』，明李東陽《懷麓堂文後稿》卷二一《劉公神道碑銘》同底本，《明史》卷二八一《劉綱传》作『字之紀』。

〔二〕『三十二年』，《劉公神道碑銘》同底本，《明史》本傳作『三十四年』，清人撰述如《明會要》等多引《明史》。

## 滕霄

滕霄，字九皋，汝州人也。永樂初，以國子生擢禮部司務，陞祠祭員外郎。十四年，轉湖廣黃州知府。霄以寬爲政，民有爭訟者，諭之以禮義，訟輒息。黃岡民訴有虎害，霄爲文告神，虎即徙去。行部至麻城，有訴勾軍戎士爲人殺死，久不白。霄宿城隍廟禱之，見一刺鼠走入寢處，盤旋而去。使人追之，至一池塘，潛伏不見，掘之得屍，即戎士也。因獲所謀殺者，遂正其罪，一郡人以爲神。秩滿去，黃民數千人上章乞留，詔從之。霄在郡凡十有九年〔一〕，而廉貞之操，終始不渝。宣德末，引疾歸。子昭，自有傳。

論曰：余聞漢之守令多久任，至長子孫，故其治曄然可觀。我朝洪武、永樂之際，法令近古，其最久者如劉公在寧三十有二年，芮公在崑山二十有一年，滕公在黄十有九年，衡公歷四郡三十有五年，當是時，官無苟且之政，民尠送故迎新之費，吏絶因緣盗匿之奸，上安下恬，太平之極。王公而下，年之久近雖不可考，然皆有卓異之行，故並録焉。

【校記】

〔一〕『十有九年』，弘治《黄州府志》、明李賢《古穰集》卷一六《滕君墓表》等作『十八年』。

## 張宗魯

張宗魯者，鈞州人也。四歲失明，二十遭亂，負母路氏避難，其妻扶掖以行。歲饑，宗魯賣卜以爲養，日給不足，則令妻采野蔬以繼之。天下既定，宗魯奉母還故鄉，竭力供養。母卒，仍求其前母曹、沈、吴三氏遺骸，合葬父墓。洪武中，禮臣請表其門，文皇聞之，曰：『生事死葬之禮，宗魯瞽者乃能盡之，豈不足爲人子勸乎？』親製詩褒之。其時又有王中。

## 王中

王中者，登封人也。家業農，母殁，廬墓三年，未嘗櫛髪易衣。墓側無水，浚井四丈餘，不得泉，中環井再拜籲禱，泉水湧出，鄉里以爲孝感也。洪武中，旌表。文皇嘗謂曰：『夫學所以涵養其性，非性由學而有也。世固有樸魯之民，不能盡孝以事親，而諉曰不知書，豈非自誣其性哉？亦有讀書學文而質行反不及者，此文過之弊也。』然則中固可嘉，其不如中者，亦可勉矣。

論曰：余嘗睹御製《孝順事實》，所録者古今僅二百有七人，而宗魯、中皆預焉。夫二子者，亦惟履人之常而已，乃蒙二聖褒諭，史氏采録，豈非幸哉？巖藪之士，事親守身，以名行自礪，類此而不顯者，奚少？要之，在遇與不遇爾。

# 卷之四

郭資　宋禮　張唯　薛瑄　曹端　閻禹錫　白良輔　藺從善　孫賢　王淪　郭濟

## 郭資

郭資，字存性，武安人也。洪武十八年進士，改庶吉士，授户部主事，以尚書郁新薦遷北平左布政使〔一〕。文皇在潛邸時，數見知，後靖難南下，屬資居守，撫兵輯民，給糧餉不乏。永樂初，論功進户部尚書，仍掌布政司事〔二〕，賞賚視伯。已而改行部尚書〔三〕，復改户部。昭皇即位，加太子太師。蹇義、夏原吉數短於上，謂資偏執，常格恩澤，請罷資。上意不然，間以語楊士奇曰：『先皇興義旅，及吾昔居守，皆得資力，其人亦材且誠。今必如二臣請，是吾危則任人，安即弃之，吾誠不忍！』士奇對曰：『故舊無大故不弃，此皇上盛德。顧資强毅，人不得干以私，但詔赦所蠲租，資必責有司依歲額徵，此太過，誠如二臣言。』上曰：『吾在此，復有原吉與同事，彼雖偏執，莫能行也。』已竟罷政，賜璽書歸武安。資歸逾月，上念之不已，又謂士奇曰：『無使大臣怨乎？不以資，其謂我何？』命户部給半俸，復其家。章皇嗣位，詔起資爲户部尚書，免朝謁。資視事勤，雖大風雨不避。僚吏敬憚。性木强，意所安者，雖刀鑊無能屈。所居頹垣樸舍，未嘗治第城府。卒之日，家無餘貲，年七十三歲，追封湯陰伯，謚忠襄。子佑，以資故，仕至户部主事。

論曰：甚矣，直道之難行也！以蹇、夏之賢，尚不能容湯陰於朝，且數短於上前，向非昭皇之仁哲，岌岌乎殆哉！《傳》曰：『知人未易，相知尤難。』蹇、夏、湯陰之謂矣。

【校記】

〔一〕『以尚書郁新薦遷北平左布政使』，《國朝獻徵録》卷二八所録楊榮《郭公資神道碑》云：『尚書郁新以才薦之，授北平布政司左參議。莅事之初，即以本司弊政爲言，太祖高帝嘉其忠直，陞本司右參政。公悉心殫慮，贊佐有方，不數月，陞左布政史。』

〔二〕『布政司』，原作『布政使』，據《明宣宗實録》卷一〇七、《明史》卷一五一《郭資傳》、《郭公資神道碑》改。

〔三〕『行部尚書』，原作『刑部尚書』，《郭公資神道碑》云：『詔建北京，設行部，拜公行部尚書。……辛丑，太宗皇帝都北京，革行部。』另，《明宣宗實録》卷一〇七、《明史》本傳亦作『行部尚書』。據以改。

## 宋禮

宋禮，字大本，永寧人也。父彬，知儀隴縣，有惠政。禮以明經充貢，補國子生。是時，諸生以才能選者，皆待以不次。洪武中，授禮山西按察僉事，持法嚴峻，鋤奸剔蠹，無少貸。文皇即位，累擢工部尚書。

九年二月，命禮開濬會通河。會通者，即元之故河也。初，元都燕，漕運江南糧，有二海道，由蘇州太倉至直沽入京，歲約三百餘萬石。然風濤不測，損失頗多。又自東平州安民山開河，北至臨清，引汶絶濟，直屬衛河，建牐以節蓄泄，名曰會通河。當是時，河道初開，岸狹水淺，不能負重載，每歲運不過數十萬石，不若海運之多也。故終元之世，海運不罷。國初，會通河故道猶在。洪武二十四年，河決原武，漫過安山湖，而會通河遂淤。自是南運舟楫不通，而立陸路遞運所，往來者悉由德州入河。永樂初，改立運法，自海運者踵元人之舊，由直沽達京，自河運者由江入淮，由淮至陽武，發山西、河南丁夫陸運至衛輝入河，舟運至京，而海險陸費，耗財溺舟，不可勝紀。至是，濟寧州同知潘叔正上言：『舊會通河四百五十餘里，其淤塞者三之一，浚而通之，非惟山東之民免遞運之勞，實國家無窮之利。』從之。遂命禮及刑部侍郎金純、都督周長發山東六郡丁夫十餘萬，開濬以復故道。禮乃築壩于汶上之戴村，横亘五里，遏汶勿東流，令盡出于南旺，分爲二水，四分南流，以接徐、沛，六分北流，以達臨清。又相地勢高下，增修水閘，以時啓閉，自分水至臨清，地降九十尺，爲閘十有七，而達于漳〔一〕，御南至沽頭，地降百十有六尺，爲閘二十有一，而達于淮。自是河成，而平江伯瑄亦疏鑿維揚一帶，南北遂通矣。禮等還京，上嘉勞，賜寶鏹二百錠、文繡二襲，其分董役者爵賞有差。

十四年，營建北京，命禮取材川蜀。又六年，卒於官。弘治間，大學士李東陽經會通河，有『尚書宋公富經略，世上但識陳恭襄』之句，人始知禮之功若此，於是主事王寵上疏以祠祀請，上允之，建祠於南旺，以金純、周長配。

論曰：禹疏川，列九州，茲地爲豫。豫者，和萃之名也。明興，茲地當兩京之中，貢賦轉輸，所繫甚重，然治亦有緩急之別爾。國初之議，凡遇秋水泛溢，衝決田廬，水濱州縣官主之。至於漕渠淤淺，飛輓不達，有大患則請於朝，暫遣一二大臣來視，工竣即還。吾省如宋公禮是也。正德間，議者專設大臣一人爲總理，河南、山東監司、郡縣各增一人分治，歲徵夫若干萬人，金若干萬兩，有患則額外之誅靡已，無患則歲辦不減也。夫河渠本爲國家之利，而今之病民者莫甚焉。噫！安得如初議罷專設、節浮冗，稍蘇疲氓，斯善矣。

【校記】

〔一〕『漳』，《明史》卷一五三《宋禮傳》作『衛』。漳水，源出山西省，流至河北省入衛河。又《明史》卷八六《河渠志四》云：『衛河，源出河南輝縣，至臨清與會通河合，北達天津。自臨清以北皆稱衛河。』當從《明史》本傳作『衛』。

## 張唯

張唯者，永豐人也，寓南陽。洪武六年〔二〕，以《尚書》舉第一。是年，上開文華堂於禁中，以爲儲材地，詔擇解額内雋異者，俾肄業其中。唯等凡十有七人寔與選。正月甲寅，命題賦詩，詩成，稱旨，唯等皆擢翰林國史院編修，以贊善大夫宋濂、太子正字桂彦良分教之。上謂曰：『昔許魯齋諸生多爲宰輔，卿其勉之。』聽政之暇，輒幸堂中，取其文親評優劣，命光禄日給酒饌，每食，皇太子、親王迭爲之主，唯等侍食左右。冬夏賜衣及弓矢鞍馬，恩禮甚厚。濂輩雖司啓迪，顧諸生皆上所親教，不敢以師道自居。一日侍燕閒，詢及肄業進益，濂對曰：『無如張唯者。』因備述其雋才，請録爲弟子員。上笑而許之。三月，上命唯等各歸展墓，皆攝監察御史以行，尋還任。其時同進者又有祥符王輝、河内李端、洛陽張翀，禮遇雖不及唯，然侍從車駕，應制被顧問，未始異也。

論曰：張公肄業禁中，親蒙訓指，誠千載一遇也。其後，與同事諸公多至執政，第行履不獲其詳。余嘗考之《詞林記》及黄氏《歳抄》，所載亦略同，此良可慨也。張公雖遊寓，與薛文清公皆發科中州，又祠之鄉賢，是以得備録云。

【校記】

〔一〕『洪武六年』，《明史》卷一二八《宋濂傳》云：『（洪武）四年遷國子司業，坐考祀孔子禮不以時奏，謫安遠知縣，旋召爲禮部主事。明年遷贊善大夫。是時，帝留意文治，徵召四方儒士張唯等數十人，擇其年少俊異者，皆擢編修。』又《明太祖實録》卷七八，張唯等授編修在洪武六年正月初八，可知張唯『舉第一』當在洪武五年，底本應誤。

## 薛瑄

薛瑄，字德温，河津人也。曾祖常、祖仲義皆通經術，教授鄉里。父貞，以鄉薦爲真定元氏教諭，再調玉田。母齊氏夢一紫衣人入謁，寤而生瑄於學舍。初生，肌膚如水晶，五臟皆露，家人怪而欲弃之，仲義聞其啼聲而止之，曰：『此必異人也。』洪武末，父貞改除馬湖吏目，瑄撰《平雲南賦》，西平侯晟見而奇之。永樂十七年，貞復除鄢陵教諭，時以科貢多寡爲黜陟，貞憂之。瑄乃補鄢陵學生，十八年舉河南鄉試第一〔一〕。明年登進士，省親西歸。是歲秋，貞有疾，瑄日夜侍惟謹。及居喪，一遵古禮服闋。擢監察御史，出監湖廣銀場，手録《性理大全》，潛心誦讀，深有所得，著《讀書録》。

正統間，擢山東僉事，提督學政，首以朱子《白鹿洞規》開示學者，講明性學諸書，多所造就，一時遠邇皆稱薛夫子云。時中人王振問於楊士奇曰：『吾鄉有可爲京堂者乎？』士奇以瑄對，未幾，振言於上，遂召爲大理寺右少卿，明日轉左少卿。瑄作《大理箴》以自警。振欲一見，以告三楊。三楊過瑄，謂曰：『曩者，雖某等薦，然寔振之力也，可入謝之。』瑄不應。明日，振至閣下，問：『胡不見薛少卿？』三楊爲謝曰：『彼將來見也。』知李賢與瑄厚，令轉語之。賢詣瑄，復致三楊之意，瑄曰：『原德亦爲是言，安有拜爵公朝而謝恩私室者乎？』久之，振知其意，亦不復問。已而，遇諸途，衆皆跪，瑄獨不屈，自是振益恚恨。

會有獄夫，實病死三年，其妾私於人，欲出嫁，妻執不從〔二〕，遂誣妻魘夫死。瑄爲白其冤，都御史王文告振，振怒，嗾言官劾瑄，詔逮之獄，坐出入人罪，當死，縛至西市門，人皆犇送，瑄神色自若。振有老僕，素謹，願不與事，是日，泣於庭下，振問何爲，曰：『聞薛夫子將刑，故泣。』振曰：『何以知之？』僕曰：『鄉人也。』因備言其賢，振意遂解，傳旨赦之。瑄乃罷歸。

十四年，有土木之變，給事中陳信薦起爲大理寺丞〔三〕。時虜騎薄都城，瑄上《戡定禍亂之疏》，疏入，上命分守北門，其同事者懼。瑄曰：『虜懸軍深入，勢必不久。』已而果北奔，尋又督餉貴州。景泰元年，事竣還朝，懇乞休致，學士江淵上疏留之。明年，陞南京大理寺卿。有富豪殘虐民命者，獄久不决，執法者欲貸之。瑄曰：『死者何辜，竟抵於法？』中人金英奉使道出南京，公卿俱餞於江上，瑄獨不往。英歸，上問南京官僚孰優，對曰：『惟薛卿耳。』三年秋，召還，復掌大理。蘇州有饑民乞粟不獲，遂火富人之廬，蹈海避罪。上遣王文按其事，坐以謀逆，連及五伯餘家〔四〕。瑄又爲白其冤。文謂人曰：『薛卿倔强猶昔。』瑄曰：『辯冤獲咎，又何憾焉？』執之愈力，遂獲免甚衆。

天順改元，以都御史楊善薦陞禮部侍郎兼學士，入閣知制誥。時于謙、王文坐石亨之誣，擬以大辟。是日，同列皆衣紫。瑄曰：『不知今日欲刑某等耶？』同列慚而退，亨奮然曰：『事已定矣，不必多言。』頃之，上召諸大臣入議，瑄曰：『陛下復登大寶，天也。今三陽發生，不宜用刑。』上聞之憮然，遂詔減謙等一等。自是上益重瑄，每言多採納。一日，召至便殿，微服，瑄不入，上遽易服，乃入，其見敬禮如此。居數月，見曹、石冒功亂政，瑄嘆曰：『君子見幾而作，寧俟終日？』遂乞致仕。

既還河汾，四方從游益衆，嘗曰：『學者讀書窮理，須實見得，然後驗於身心，體而行之。不然，無異於買櫝而還珠也。』八年六月卒。卒之日，風雷繞屋，白氣縷縷上升。年七十三歲〔五〕。贈禮部尚書，謚文清。成化元年，國子監丞李紳疏請從祀孔子廟庭，疏下廷臣會議，無不允協，獨姚夔、劉定之弗許，事遂寢。弘治、嘉靖間，禮臣、言官屢請，前後數十疏，竟坐前議，不果。頃歲，上用給事中陳棐言，詔令平陽、鄢陵各立祠祀之。

論曰：余聞薛文清公崛起絶學之後，教人修己以踐履爲先，復性爲務。其仕於朝，罔非格君心，明法紀，故出處峻潔，無可指議。平生著述約十餘萬言，而《讀書録》尤爲精粹，弗涉空虛，弗泥訓詁，足以衛正學而弘斯道也。明興以來幾二百年，理學之純，薛公一人而已。從祀闕里之議，誠不愧云。

【校記】

〔一〕「十八年舉河南鄉試第一」，底本無「十八年」三字，據《明史》卷二八二《薛瑄傳》補。

〔二〕「會有獄夫，實病死三年，其妾私於人，欲出嫁，妻執不從」，《國朝獻徵録》卷一三所録李賢《薛公瑄神道碑銘》記述義同底本，《明史》本傳云：「指揮某死，妾有色，振從子山欲納之，指揮妻不肯。」結合下文此事引得王振大怒，《明史》本傳之説，似更爲合理。

〔三〕「陳信」，《明史》本傳、《薛公瑄神道碑銘》均作「程信」，底本當誤。

〔四〕「連及五伯餘家」，「五伯」同「五百」，《明史》本傳作「當死者二百餘人」。

〔五〕「七十三歲」，《明憲宗實録》卷一〇、《薛公瑄神道碑銘》同底本，《明史》本傳作「年七十有二」。當均誤。《薛公瑄神道碑銘》云：「逝時……天順甲申六月十五日也，距生洪武乙巳八月十日，享年七十有三。」洪武乙巳爲洪武七年（一三七四），顯誤，據楊鶴、楊嗣昌《薛文清公年譜》，「乙巳」當作「己巳」，蓋形近致訛。洪武己巳爲洪武二十二年（一三八九），天順甲申爲天順八年（一四六四），據此薛瑄享年虛歲七十有六。另，《薛文清公年譜》稱其「享年七十有六」，並録其臨死所作詩云：「土炕羊褥紙屏風，睡覺東窗日影紅。七十六年無一事，此心唯覺性天通。」據上，薛瑄享年應爲七十六歲。

## 曹端

曹端，字正夫，沔池人也。弱冠雅慕伊洛之學，手一編，寒暑不輟，坐處足著二甎皆穿，其篤志若此。永樂六年，舉於鄉，明年授霍州學正。在霍僅十年，其造士務踐履，弟子出其門者，循循雅飭，遵其教不忍違。郡人亦皆翕然而化。當是時，方岳重臣不敢遇以屬禮，至郡必敬謁，考校諸生，請端主去取。後以憂去，起復改蒲州，再逾年，端考績京師，蒲、霍諸生走詣闕争留，上以霍疏先上，仍命之霍。又六年，終於官，一郡人罷市哭，童子亦悲泣，其感人如此，學者稱爲月川先生。子某，貧不能歸其喪。後二十年，學士黄諫爲返葬沔池云。端性純謹，事二親以孝聞，平居飲食衣服，惟務精潔，及遭喪，五味不入口，寢苫枕塊，廬墓六年，建祠以奉先，又建義祠以奉外族之無後者，不用浮屠、巫覡。歲荒，屢詣縣勸賑，全活者甚衆。河東薛瑄嘗贊之曰：『質純氣和，理明心定。篤信好古，拒邪閑正。有言有行，以淑後人。美哉君子，光輝日新。』所著有《孝經述解》《四書詳説》《〈太極圖〉〈西銘〉〈通書〉釋文》《家規輯略》《存疑録》《夜行燭》《儒宗通譜》若干卷〔一〕，今蒲、霍之間，皆繪像祀之。正德間，兵部尚書彭澤移書巡撫都御史李充嗣曰：『我朝經濟宏深，文章爾雅，莫盛於青田劉公、金華宋公，至於道學之傳，則斷自沔池曹月川先生始也。』於是撫按建正學坊於邑中，又建祠，以邑令歲時祀饗。

論曰：自宋河南兩程子出，理學大明，其時得宗傳者，上蔡謝氏、和靖尹氏；私淑者，魯齋許氏。魯齋之後，又百年矣，吾鄉未見以斯道自任者。明興，月川先生産於伊洛之鄉，用志精專，力行不怠。其所著述，皆可羽翼六經，裨益治道。今海内薦紳先生論性學者，多推宗云。

【校記】

〔一〕『《儒宗通譜》』，《明史》本傳作『《儒學宗統譜》』，《國朝獻徵録》卷九七作『《儒家宗統譜》』。

## 閻禹錫

閻禹錫，字子與，洛陽人也。性警敏不群，年十九登鄉薦。聞學士薛瑄講道河汾，乃擔簦千里，往從之游。久之，頗得其傳。授昌黎訓導。會母卒，禹錫乃自官徒歸，廬于墓側三年，盜不忍犯，且多異迹，有司以狀聞，特詔褒諭。〔二〕歷遷南京國子助教，時大學士李賢、吏部尚書王翺相繼引薦，徵授監察御史，督視畿内學政。禹錫感上知遇，日與諸生論析性學諸書，而諸生亦且奮勵，未幾，京輔彬彬然多才德之士矣。又疏場屋十餘事，皆賜允行。成化十二年七月，卒于官。貧無以爲殮，門人及屬吏相與賻而殯之。明年，歸葬於洛。禹錫有《自信集》若干卷。

【校記】

〔一〕『聞學士薛瑄講道河汾，乃擔簦千里，往從之游。久之，頗得其傳。授昌黎訓導。會母卒，禹錫乃自官徒歸，廬于墓側三年，盜不忍犯，且多異迹，有司以狀聞，特詔褒諭』，《國朝獻徵録》卷六五所録馬中錫《監察御史閻公禹錫墓誌銘》云：『明年會試中乙榜，授昌黎訓導。丙寅喪其妣……徒歸，廬于墓……有司以聞，詔旌其閭。既而聞河汾薛文清公講明濂洛關閩學，遂謝舉業，去洛從之游。』萬斯同《明史》卷二五《閻禹錫傳》記述同《監察御史閻公禹錫墓誌銘》，時序與底本差異甚大，底本疑誤。

## 白良輔

白良輔，字堯佐，洛陽人也，喜讀性理諸書。景泰二年進士，初請業河東薛瑄，瑄不許，良輔乃置十脡肉爲贄，跽於門，日昃不返，肉色變而良輔貌愈恭。瑄以其誠，遂延置弟子之列，居歲餘卒。受其業歸，拜監察御史，按治晋陽、秦中，俱有名迹。遷太僕寺丞，尋轉卿。天順中，卒于家。所著有《太極解》《律吕新書釋義》《中庸膚見》若干卷。當疾革，以書授畢亨，畢亨傳於洛，其後言性學者，多宗白氏。

論曰：國朝自薛文清公倡明理學，海内經生學士多宗之，而子與、堯佐，其知名者也。第中壽而殂，未究厥志。今觀所著，亦可見其涯略矣。

## 藺從善

藺從善，字有恒〔一〕，磁州人也。永樂中舉鄉試第一，初授陵縣教諭，稍遷揚州教授。章皇爲皇太孫時，志慕堯、舜，文皇擇天下名儒輔之，中選者毋拘階序，從善召授翰林編修，與王直、錢習禮十五人日侍講讀閱十年。從善遷贊善，及章皇爲皇太子，從善進司經局洗馬。章皇嗣位，同事者皆遷顯要，甚者即拜尚書，而從善獨與王直留滯不調。遷者得志逞氣，勢焰赫赫，從善日坐東閣中紬書，暇則取秘書讀，遇休沐，與直載酒郊遊，覽勝賦詩，泊如也。正統初，以久次遷學士。上方嚮學，從善以舊臣見信用，每進講多鄉音。上曰：『久宦不改其素，從善其君子哉！』景泰初，年七十，援例求謝事，上慰留之。又四年，乃得請，還郡而卒。〔二〕

【校記】

〔一〕『字有恒』，《國朝獻徵録》卷二〇所録崔銑《翰林院學士藺公從善傳》、《本朝分省人物考》卷八九作『字從善』。

〔二〕『景泰初，年七十，援例求謝事，上慰留之。又四年，乃得請，還郡而卒』，《國朝獻徵録》卷二〇、《本朝分省人物考》卷八九等所載與底本大致相同，但無『景泰初』三字；《明英宗實録》卷一三八載藺從善卒年爲正統十一年，明談遷《國榷》卷二五載其正統八年四月致仕，符合致仕四年卒之説。據上，藺從善卒年當爲正統十一年，底本疑衍『景泰初』三字。

## 孫賢

孫賢，字舜卿，杞縣人也。景泰五年舉進士第一，授翰林修撰。七年，預修《寰宇通志》成，轉侍講。天順初，爲會試同考。未幾，改左中允，侍東宫講讀。三年考最，推恩封父如其官，及母妻俱授安人。純皇即位，遷太常少卿，兼侍讀。成化六年，乞歸省。上念侍從舊勞，特命乘傳，且有金綺寶鏹之賜。滿三月還朝，會修《睿皇實録》成，進太常卿兼侍讀學士。十四年，以家艱還，盡以遺産畀其二弟。服除，以學士命掌翰林院事。時皇儲未建，乃上疏請，且引疾乞休，示無希覬意。章並上，上皆允之。皇子立，是爲悼恭太子。賢歸六年卒，年五十四，贈禮部左侍郎兼翰林學士，謚襄敏。所著有《鳴盛集》若干卷，刻於家。

論曰：余聞景泰易儲，時詞林加宫保者二十餘人，而有恒獨守官如舊，安安於卑遜，未嘗見之辭色。舜卿上建儲議，即拂衣歸，終其身不出。若二子，其視世之競勢利者，不啻徑庭矣。

## 王淪

王淪，字子清，左使鈍之子也。弱冠舉進士，文皇以其少，遣歸卒業，久之，起授翰林庶吉士，入文淵閣纂修《永樂大典》。是年秋，以外艱歸，服除。時昭皇監國，選經明行修之士授諸皇孫經，於是吏部薦淪，引見。昭皇問曰：『汝非王鈍之子耶？其學行吾素所知，汝其勉之。』拜左春坊左司直郎，賜衣一襲，禮遇甚厚。洪熙初，封建親王，淪遂爲鄭靖王左長史。既就職，請王當祀不齋，淪諫不可，王不悦。宣德四年，王就國累月，不視朔，淪又上書諫，不聽。頃之，擬荀卿《成相》篇，撰十二章以獻，語尤激切，而左右有不便者，日又浸潤，由是與王不合。上聞之，移書讓王，王終不聽。六年，召還，改行在户部郎中。睿皇即位，拜淪户部右侍郎，巡撫浙江。未幾，母卒，上遣行人諭祭，命淪卒事起復，淪既辭弗獲，復如浙。罷力役，寬賦斂，舉廉能，莅事五年，督運京餉一千餘萬石，招撫流移五萬餘户，獄訟不興，盜賊屏息，兩浙父老感而嘆曰：『真先大夫布政子也！』會入覲，上留攝部事。明年春，淪以老乞歸。卒年七十四。有《退庵集》六卷。

## 郭濟

郭濟，字澤民，太康人也。性沉静寡言，爲兒童時，父母宗族咸奇之。年二十，舉鄉試第一。明年，會試不第，拜定州司訓。九年遭艱，起復，改開州，兩郡知名之士，多出其門。永樂末，昭皇監國，濟被薦拜左春坊左司諫，官僚睹其威儀端雅，皆稱得人。是年秋七月，昭皇嗣位，以濟爲滕王紀善，居數年，多所匡正。會交阯梗化，濟自紀善改行人，往使其國。濟示以逆順之義，而强梗者稍稍馴化。及再使，卒致酋長款貢。上悦，特加褒賚。正統初，遷鎮江知府，兩考俱以最書，年七十餘，卒于官。

論曰：王公子清在鄭，郭公澤民在滕，皆以諫諍論議，斐然可述。當是時，諸王雖有恣心隱慝，猶存畏憚，而不敢肆也。其後子清由長史入爲户部侍郎，澤民由紀善累遷鎮江知府，自此法弗行，則傅相者率老死王國，不得齒於有司，而銓衡遂多以耄昏者置之，故利禄之謀日熾，而諫諍之風益衰，如此，欲侯國弗奸於法，難矣。今誠欲恤宗保國，當仿漢法，擇京朝官之有行誼者則授之，博通古今者則授之，考其殿最，均其勞逸，出爲傅相，入爲公卿，庶不失祖宗立法之本意矣。

# 聖

# 卷之五

張輔

## 張輔

張輔，字文弼，河間忠武王之冢子也。氣宇雄壯，顧盼有威，弱冠從文皇靖難，以功封信安伯。未幾，進爲新城侯。

永樂三年，交阯國王陳日焜爲其臣黎季犛所弑，季犛詭姓名爲胡一元，子蒼爲胡奆，矯稱陳氏絶嗣，奆其甥，請署國事，上不逆其詐，從之。未幾，求襲王爵，又許之。逾年，陳氏孫天平始從老撾潛至京，奏愬，季犛聞之懼，上表請迎天平，還以國。四年春，遣使者送天平歸，至其境，季犛伏兵殺之，及其使者，又僭稱尊號，改國曰大虞，紀年曰元聖。時占城亦告季犛侵軼疆界，强授以印服，上震怒，乃議興兵討罪，群臣咸贊，遂遣大臣告于郊廟，分遣近侍，遍告天下名山大川。

秋七月辛卯，制諭成國公朱能佩征夷大將軍印〔一〕，充總兵官，輔爲右副將軍，豐城侯李彬爲左參將，雲陽伯陳旭爲右參將，會同左副將軍、鎮滇南西平侯沐晟率師征之，命兵部尚書劉儁贊軍事，都指揮同知程寬、指揮僉事朱貴等爲神機將軍，都指揮同知毛八丹、朱廣，指揮僉事王恕等爲游擊將軍，都指揮同知魯麟、都指揮僉事王玉、指揮使高鵬等爲横海將軍，都督僉事吕毅、都指揮使朱英、都指揮同知江浩、都指揮僉事方政等爲鷹揚將軍，都督僉事朱榮、都指揮同知金銘、都指揮僉事吴旺、指揮同知劉塔出等爲驃騎將軍，刑部尚書黄福、大理寺卿陳洽、給事中馮貴督餽餉。

癸卯，出師，上親幸龍江，乃誓于衆曰：『朕命汝等率師吊伐，罪惟元兇，脅從必釋，尚體朕心，毋究武，毋殺降，毋繫累老稚，毋毁壞室墓，毋恣取貨財，毋掠人子女，有一於此，雖勞弗勳，且底於罰。』能等受命以行。九月壬申，師次龍州，大將軍遘疾，以師授右副將軍。十月戊子，大將軍薨，輔代總其衆以進，遣使馳奏。乙未，輔率師發憑祥，度坡壘關，望祭境内山川，告以黎賊弑君虐民、内侵上侮之罪，令都督同知韓觀於關下駐營，督廣西軍運糧修道，出游兵偵邏；遣驃騎將軍吕毅等前哨至隘留關，賊三萬餘人依山結砦，掘濠塹，率衆拒守，毅等督軍進攻，以盾翼蔽而上，斬捕九十餘人，賊散走，大軍遂度關，留兵守之。輔以上意傳檄安南，數黎氏父子之罪二十，其略曰：『季犛兩弑其主以據國，罪一也；賊殺陳氏子孫殆盡，罪二也；不奉正朔，僭改國名，妄稱尊號，罪三也；視國人如讎，淫刑暴斂，煢獨罔依，罪四也；世本黎氏，背祖更姓，罪五也；既篡主竊位，乃詐稱權署其事，以罔朝廷，罪六也；表請陳氏孫還以國，及命使送之，乃敢拒遏，罪七也；誘殺主孫，罪八也；襲寧遠州七寨，罪九也；殺土官刁猛，因虜其女，盡徵其金，罪十也；威逼邊吏，致其駭走，罪十一也；侵思明、禄州、西平、永平之地，罪十二也；詐稱還地，劫殺命使，罪十三也；占城國王占巴的剌新遭親喪，舉兵攻奪其地，罪十四也；攻板達郎、白黑等州，掠其人民，罪十五也；勒取占城象百餘及沙離牙之地，罪十六也；占城爲中國蕃臣，乃擅造金印冕服，逼使其受，罪十七也；責占城國王惟知尊事中國，凡兩加兵，罪十八也；朝使送占城陪臣還其國，以兵劫於毗陵港口，罪十九也；入貢不遣陪臣，乃以罪人充使，罪二十也。交人讀檄，莫不慟憤黎氏僭逆，延頸以待王師。

庚子，輔入雞翎關〔三〕，至芹站，諜知芹站兩旁有伏，輔令吕毅等索之，賊遁去。是日，遣鷹揚將軍方政、游擊將軍王恕等抵富良江北嘉林縣哨探，大軍由芹站西道至北江府新福縣，聞左副將軍西平侯晟軍至白鶴，遂遣驃騎將軍朱榮往會晟，亦遣都指揮俞讓來。初，大軍入境，輔以上命戒部下，秋毫無犯，所至感悦，至是三帶州僞僉判鄧原南、策州人莫邃等來降，言賊恃僞東、西都及宣江、洮江、沲江、富良江以爲固，乃自三江府沲江南岸傘圓山，循富良江南岸東下至寧江，又於富良江北岸循海潮江、希江、麻牢江至盤灘困枚山，緣江樹柵，多邦隘增築土城，城柵相連，亘九百餘里，盡發江北諸府州人二百餘萬守之，驅老幼婦女以助聲勢。又於富良江南岸緣江置樁，盡取國中舟艦，列於樁内。諸江口又設桿木以防攻擊，僞東都守備亦嚴陳列象陣於城柵内，賊衆水陸號七百萬，守險以老我師。輔遂自新福縣移營於三帶州箇招市江口，造舟俟進。

丁未，上聞能薨，即命輔充總兵官，且諭之曰：『昔我皇考命開平王常遇春爲大將軍，岐陽王李文忠爲偏將軍，率師北征。而開平王卒於柳河川，岐陽王率諸將掃蕩殘胡，終建大勳，著名青史。爾宜取法前人，殄滅逆寇，以建萬世之功。』輔受命惟謹。

十一月辛卯，驃騎將軍朱榮敗賊於嘉林江北。先是，輔等於上流濟師，遣榮率馬步軍於下流十八里與賊對列，且作舟筏欲濟之勢，賊疑，果分兵渡江，劫我舟筏，榮奮擊，大破之。丙申，輔率大軍與西平侯晟合，賊所立柵，皆近江，唯多邦城下沙灘平闊，可止師，然新築土城高峻，賊於城下設重濠，濠外坎地又置竹刺於坎内外，其城上守具嚴備，賊兵往來如蟻。輔乃下令軍中，曰：『賊所恃者此城，先登者受上賞。』軍士皆踴躍欲往。是日，輔等軍於沙灘，議分兵，輔攻城之西南，晟攻城之東南，部列已定，别遣將士距欲襲之處里許，設攻具，出夜明火，俾軍士執之，約登城即然，吹銅角爲號。夜四鼓，輔遣都督僉事黄中等銜枚，舁攻具過重濠，至西南城下，以雲梯附城。都指揮蔡福等先登，以刀亂斫，賊衆驚呼，城上火然，吹角應之，士皆蟻附而上，賊衆倉皇，矢石不及發，皆躍下城散走，我軍遂入城。賊將於城内列陣接戰，驅象當前。輔令游擊將軍朱廣等以繪獅蒙馬，分翼而前，象皆股栗，又爲銃箭所傷，皆退走奔突，賊衆潰亂。我軍長驅而進，殺賊帥梁民獻、蔡伯樂，追至傘圓山，賊自相蹂藉及被殺而死者，不可勝計，獲象十二，器械無算。癸卯，輔令豐城侯彬、雲陽伯旭率師攻賊僞西都，賊聞多邦城陷，焚西都宫室、倉庫，逃入海。頃之，賊黨有以兵由生厥江、潭舍江犯我軍者，輔遣都督黄中等敗之，於是三江路、宣江、洮江等州縣次第詣軍門降。

五年正月丙辰，輔調清遠伯王友，晟調都指揮柳琮等合兵討賊，自注江濟師，襲籌江柵，破之。又攻困枚山、萬劫江、普賴山，斬賊首三萬七千三百九十餘級，獲僞團副丁部曲，殺之。賊將胡杜復聚舟於盤灘江，輔因南榮州土人隊正陳封來降，即使擊之，杜敗走悶海口，盡得其舟，仍使封招撫諒江、東潮等處人民，俾皆安業，於是郡邑聞風相繼而降。上書論季犛罪逆者，日以百計。己巳，輔得諜報，賊舟往來於富良江，距交州下流二十里。又言季犛及其子澄屯於黄江，遂率兵次木丸江，晟及豐城侯彬率步騎戰艦，由富良江進，次魯江。季犛以舟五百餘艘犯我軍，輔等水陸夾擊，賊舟膠淺，遂破之，殲僞將阮仁子阮磊、阮劣，獲舟百艘，又擒其黨黄世綱、彤文傑、馮宗實、莫鐵、范鞋、阮利等百餘人，斬馘萬級，溺死者甚衆。三月辛巳，輔遣都指揮柳升守鹹子關，亡何，升報賊入富良江，舟聯亘十餘里，以精勁卒數萬由陸來戰。我軍既至，賊又用海舟横截江中，載木立栅以拒，輔乘栅未備，躬督將士力戰，升等繼以舟師擊之，賊大敗，擒僞工部尚書阮希周，斬僞翊衛將軍胡射等及將卒數萬人，江水爲赤。輔乘勝長驅，至黄江，抵悶海口，季犛父子僅以數小舟乘夜遁去。翌日，僞吏部尚書范元覽、大理卿阮飛卿、千牛衛將陳日昭、華頟軍將黎威等皆詣降。五月甲子，輔追賊至典臾，海門涇鵲淺，久晴水涸，賊弃舟奔，及我軍至，大雨，水漲數尺。衆既度，大喜，以爲若有神助。輔率步騎至茶龍，舟師亦至，僞四輔大尹阮謹來降，言季犛走乂安，遂遣升率舟師前進，輔及晟循舉厥江進，至日南州奇羅海口，升破賊，得舟三百餘艘，輔等復引兵出奇羅海口，以遏奔逸。永定衛卒王柴胡等七人與賊遇，賊困敗，黨與皆散走，柴胡等遂擒季犛及其子澄於海口山中。乙丑，獲僞大虞國王蒼蒼〔三〕、僞太子芮及僞梁國王㶏、僞柱國東山鄉侯胡杜，凡黎氏親屬，俘獲無遺，南土遂平。所得府州四十八、縣一百八十、户三百十二萬，象、馬、牛、羊、舟、糧、器械無算。遣升齎露布獻俘闕下，詔下季犛等於獄，而赦其澄、芮。初，輔受命時，上令求陳氏之後立之，至是戡定，輔遍訪國中逾月，諸郡邑官吏、耆老等千一百二十人詣軍門言：陳之子孫向被季犛殲夷已盡，無可承繼者，安南本中國故地，其後淪弃外夷，化爲異類，今幸掃除兇孽，再睹衣冠，願復立郡縣，設官治理，庶幾洗滌夷俗，永霑聖化。輔即疏聞，上俞其請，乃立交阯等處承宣布政使司、都指揮使司、按察司，分其地爲十七府、四十七州、一百五十七縣，據其要害，設衛十一、守禦千户所三，又於交廣分界設立温衛及坡壘隘，留二守禦所，軍隸廣西，民隸交阯，以相制馭。又設水馬驛一十九，自南寧府至龍州，水道差遠，增置驛舟，並置遞運所，以便朝貢，皆輔條列，上悉從之。六月，以平安南，復古郡縣，大詔天下，復敕有司，爲陳王贈謚，凡宗戚爲季犛所害者，各贈以官，又爲建祠樹碑，葺墳墓，禁樵採，仍給户三十守之。

六年春，輔班師。秋七月，策功行賞，進封輔英國公，晟黔國公，友清遠侯，升安遠伯，餘皆陞賞有差。賜輔誥券玉帶金綺，子孫世襲，加禄三千石。上賜宴，親製《平安南歌》以示褒異。

是年冬，季犛餘孽簡定作亂，僭號大越，改元興慶。上命黔國公晟往討，久之無功，廷議非輔不可。七年二月，復命輔充總兵官，清遠侯友爲副總兵，會晟剿之。五月癸巳，輔率兵抵仙游縣，聞簡定等自相謀害，阮帥等各懷疑貳，推簡定爲僞上皇，立陳季擴爲僞皇，紀元重光，竊據江河，出没爲患。輔乃就叱覽山取材造舟，招諭諒江、北江等府避寇人民，使皆復業。六月戊辰，師次慈廉縣〔四〕，賊率衆據喝門江、粉社，樹柵以拒，輔攻破之，進至廣威州孔目册〔五〕，僞金吾將軍黄巨劍等聞之遁去，諸州縣脅從者皆降，竄伏山箐者皆歸復。八月辛丑，輔遣都指揮同知徐政戍盤灘，賊黨鄧景異等來攻，政率兵出禦，飛槍洞貫其脅，政猶督衆而戰，賊敗去，政腹潰而死。己未，景異等復據南策州盧渡江、太平橋諸處。輔出師向鹹子關，僞金吾將軍阮世美以衆二萬守之，對岸立營柵，列舟六百餘艘於江中。又樹樁東南岸，以爲扞禦，時西北風急，輔率雲陽伯旭、都督朱廣、都指揮俞讓、方政等以划船，戰船齊進，火器迅烈，矢發如雨，擒僞監門衛將軍潘依等二百餘人，斬首無算。九月庚午，輔軍追捕至太平海口，遥見賊舟三百餘艘泊海州南岸，亟督都指揮方政、李龍等往搗之，賊分舟迎敵，我軍鼓噪而進，聯艦夾戰，賊大敗，溺死者甚衆，擒僞寧海衛大將軍范必栗，景異遁走。十月辛丑，季擴妄稱安南前王孫，遣僞官段自始致書軍門，求封爵。輔曰：『陳氏子孫嘗遍求國中無有存者，兹奉命討賊，不知其他。』遂殺段自始，麾兵前進。遣都督朱榮、蔡福以步騎先行，輔率舟師繼之。初，賊於各處江海口多樹樁，以土石實之，舟楫不通。至是，輔由黄江、阿江、大安海口至福成江，轉入神投海，皆决其壅塞而行，十餘日至清化，水陸之師畢會，而簡定已逃入演州，季擴往乂安，阮帥、胡具及景異等皆散走，於是輔留清化，取支黨盡殲之。已而，簡定至巨勒册，欲從地册趨天關鎮，聚衆拒敵。晟率兵從磊江南趨巨勒册，都督朱榮、都指揮羅文等以舟師從磊江趨牛鼻關，輔率都督朱廣、都指揮陳懷等以步騎從磊江趨地册。比至天關鎮，簡定已從東黄册趨多杯册，我軍追至美良縣，簡定方寓民家，見軍至，即弃馬及印帶等物，走入山。輔率兵四圍搜之。十一月戊寅，獲簡定并僞將相陳希葛、阮汝厲、阮宴等，檻送京師伏誅。是時，賊黨阮師檜僞稱王，與僞金吾上將軍杜原措等據東潮州安老縣及宜陽社，有衆二萬，時出黄江、麻牢江、大全等處海口劫掠。八年正月，輔以兵圍宜陽社，師檜率衆拒，不支，斬賊首四千五百餘級，擒僞監門衛將軍范支、羽林衛將軍陳原卿、鎮撫使阮人柱等二千餘人〔六〕，盡殲之，斂其户爲京觀焉。二月，召輔還，以兵屬晟及雲陽伯旭剿滅餘寇。未幾，季擴聞輔還，復與景異等嘯聚作亂。九年春，上復命輔督師征之。秋七月丙子，師次常月江，賊聞輔至，樹椿江中四十餘丈，江口兩岸皆置栅，延亘二三里許，江内列舟三百餘艘，設伏於山右。景異及鄧鎔〔七〕、阮帥、胡具等以衆來逆，輔調都督同知朱廣、都指揮張勝、俞廣領刬船拔椿以進，躬率都指揮方政等以步隊剿其伏兵，至江岸，季擴等敗走，擒僞金吾將軍鄧宗穆、寧衛將軍黎德彝、武衛將軍阮忠、威衛將軍阮軒等，及其黨斬俘殆盡，獲賊舟百二十餘艘。十一月癸亥，輔率舟師追捕季擴於緣海，聞石室、福安諸州縣賊黨僞龍虎將軍大都督黎蕋、范慷等偪交阯城爲患，斷鋭江浮橋，阻截生厥江、交州後衛，道路不通，遂往征之。蕋、慷等合五千人拒戰，敗之，蕋中流矢死，殺僞翊衛將軍、大都督阮陀於陣，擒僞翊衛將軍楊汝梅、防禦使馮翕，梟賊首千五百人以徇，餘賊散入林莽中，而范慷、杜箇旦、鄧明、阮思瑊等相繼就獲。十年八月癸丑，輔駐舟師安謨海口，遥見賊舟四百餘艘由大安入神投海，遂率都指揮方政等往擊，賊舟復出神投海，分爲三隊，鋭甚。輔督衆衝其中堅，左右軍奮勇夾攻，賊不能敵，即解纜走，我軍追剿，相與鉤連，殊死戰。自卯至巳，賊大敗，擒僞翊衛大將軍陳磊、龍虎將軍鄧汝戲，黎目、金吾、武衛、威衛、寧衛等將軍、校尉，安撫、團練、巡檢等使阮林等七十五人，及其脅從千餘人，阮帥等望風奔潰。輔亟督軍出海追之，不及而還。磊等四十人被重創，皆斬以狥，汝戲等三十五人檻送京師伏誅。十月戊寅，輔軍至土黄縣惡江，搜捕僞少保潘季祐等，賊衆聞之，皆走匿，季祐亦竄可雷山，遣子僚請降，遂給榜招之。季祐父子與僞官吴噉等十七人詣降。輔承制授季祐交阯按察司副使，管乂安府事，招撫軍民。已而僞將軍、知府、觀察、安撫、招討等使陳敏、阮士勤、陳全勗、陳全敏、陳立、阮爽、阮掩、阮掉等悉降。

十一年冬，輔、晟合軍，至順州，賊黨阮帥等屯愛子江設伏，輔等列陣以進，賊亦據險分三隊拒戰，各列象於前，輔策馬先薄左隊，引弓射象，象遽退走，躁賊陣，陣亂，指揮楊鴻等奮擊，賊遂敗。都督同知朱廣等當賊右隊，輔調指揮薛聚接戰，賊益潰散，斬僞少尉阮山，擒僞將軍潘徑、阮徐、阮原、熊黄、原可及僞校尉阮度等五十六人，并賊衆八百七十人，追至愛子江〔八〕，得阮帥所遺僞入内檢校太傅并乂安、新平、順化三鎮驃騎大將軍印。賊黨既奔，不復能聚，鄧鎔弟、僞鄉亭侯鄧鐵，僞金吾衛將軍潘暮、潘勤，僞知州制巨徹等相繼出降，僞大將何栗〔九〕、潘溪亦遣子來款。十二年正月壬辰，輔率兵至政和縣叱黄莊，賊帥胡同降。聞景異、鎔領僞龍虎大將軍黎蟾等七百餘人逃暹蠻、昆蒲册〔一〇〕，輔即追至羅蒙江，其地皆懸崖，側徑捫蘿可上，遂捨騎而徒，將士皆步從，比至昆蒲册，景異等已遁，又至叱蒲捺册，賊及其土人皆遁，不知所之，遂大索，夜行二十餘里，聞更聲，輔率都指揮方政等銜枚而往，黎明至叱蒲幹册江北，賊據南岸立寨，我軍渡江，圍而攻之，賊不能拒，飛矢連中景異，傷其脅，遂擒。鎔復遁，政率軍追捕，并其弟鋭擒之，盡獲賊徒黎蟾及景異等僞印。景異創甚，不能行，遂剮之，函其首傳致京師。阮帥逃暹蠻，輔遣都督朱廣率兵捕之。廣往來暹人關諸山箐中，悉獲鎔、季擴家屬，阮帥等逃依南靈州土官阮茶彙。輔復遣指揮薛聚率舟師奄至，遂獲帥，斬茶彙以狥。聞季擴勢窮，走老撾，輔遣都指揮師祐率兵索之，老撾懼，請獲季擴以獻，及輔遣檄往取不得，仍令祐進克老撾三關，至金陵箇，賊黨散走，弃季擴與其妻妾於及蒙册南麼之地，我軍悉生縶以歸。季擴弟季掊稱僞相國、歡國王，先助亂於靖安州，知季擴就縛，乘舟走入海，鎮夷衛指揮李鑑遂至多漁海口〔一一〕，并其姊僞公主等悉擒，檻送季擴及阮帥等至京師誅之。三月庚子，輔與晟議請建升、華、思、義四州，承制授降人阮蕘、楊夢松、范公議、阮儉爲知州，胡交、張原注、武征、范昉爲同知，仍以書報占城王，使知建置之故。六月庚戌，輔以四府與老撾、占城、暹蠻接境，土官廣遠，夷民繁夥，宜有控制，議請於各府置衛所，籍土軍，以土官指揮、千户理其事，仍給印信，從之。九月戊申，輔以交阯叛寇悉平，委都指揮朱輝、廖春率官軍五千留交阯備禦，遂班師。明年二月還，賜輔白金三十斤，寶鏹二萬錠，文綺五十襲。四月，上以交人新附，命輔佩征夷將軍印，充總兵官，往鎮其地。是時，逆寇陳月湖糾合清化、磊江蠻作亂，自稱月湖王。及輔至交阯，賊聞遁走，追至赤土縣，執月湖及其黨郭元慶等戮之。自是，交人皆怗然服矣。輔乃言：『自廣東欽州天涯驛，經猫尾港至涌淪、佛淘，從萬寧縣抵交阯多由水道，陸行止二百九十一里，宜置水馬驛傳，以便往來。』於是命防城等處設九水驛，龍門等處設二馬驛，寧越等處設七遞運所，佛淘設巡檢司，改交阯嘉林縣爲嘉林馬驛，交州府瀘江、欽州天涯俱爲水馬驛，廣西横州州門水驛隸南寧府，皆如輔所請云。十四年冬，上念輔久勞於外，召還。

二十二年夏，從上北征。七月庚寅，至榆木川，上不豫，明日大漸，召輔受遺命，凡軍務悉屬輔統之。是年八月，昭皇即位，進輔太師，掌中軍都督府。九月，禮部尚書吕震言於上曰：『喪服已逾二十七日，請仿漢制，釋衰易吉。』大學士楊士奇謂震曰：『不可。仁孝皇后崩，文皇衰服後猶數月白衣冠絰帶。矧上於皇考乃遽即吉乎？』尚書蹇義兼取二説以聞。詰旦，上素冠麻衣絰帶視朝，惟輔與二三學士如上所服。朝退，召士奇及蹇、夏等諭曰：『昨震請易服，云皆與卿等議定然後奏，時吾已疑其非，及聞士奇有言，始知震妄。』因嘆曰：『張輔知禮。六卿乃有不及。』洪熙元年五月，命輔監修《文皇實録》。八月，復命監修《昭皇實録》。書成，俱有金綺之賜。

宣德初，高煦欲圖不軌，遣素親信人枚青入約舊功臣爲應。青至輔所，輔即縶其人以獻。上鞫之，悉得其情。頃之，山東亦來告高煦反，上遂親督六師伐之，命輔曰：『其一切機務，卿其相朕。』輔對曰：『高煦徒懷覬覦，然實怯懦，無能爲也，願假臣二萬卒，當爲陛下擒之。』上曰：『任卿一人，足以破賊。但朕新即位，小人尚有懷二心者，亦當有以攝服之。』及漢平，大班褒賚。三年冬十二月，刑部奏決重囚，命輔同都督、尚書、九卿、都御史審覆，諭之曰：『古者斷獄，必訊於三公九卿，所以合至公、重民命也。』已而輔奏枉者五十六人，上令法司更勘，釋之。四年二月，上用都御史顧佐言，益加優禮，乃諭輔曰：『卿以親以賢，祗事祖宗，多歷年所，忠存社稷，功著國家。逮朕纘承大統，勤誠輔弼，元勳厚德，巋然於今。方當注倚之時，矧居燮理之任，不煩以政，乃理攸宜，可輟中都督府事，官職俸禄悉如舊，朝夕在朕左右，相與究論軍國重務，共保邦家，卿其專精神明道德，益弘啓沃之功，用臻治平之效。』三月戊申，加輔爲特進光禄大夫、左柱國。甲寅，免其朝參，但朔望入侍。九月壬子，賜宴，上親製詩贈之，有『輔弼寅亮』之句。歲時寵賜甚蕃，不可勝紀。

正統間，屢知經筵，從容進退，凜乎儒者氣象。又命監修《章皇實録》，成，仍賜金幣、鞍馬。十四年秋，扈從北伐，死於土木之難，年七十有二〔一二〕，追封定興王，謚忠烈。子懋嗣。懋薨，子欽嗣。欽薨，子崙嗣。〔一三〕

論曰：余觀定興四履夷境，殲厥渠魁，復我中華數百年之故地，易榛莽爲田疇，變左衽爲冠冕，而又建立郡縣，分畫疆圻，一統之盛，古莫與比。定興之功大矣哉！往見大學士丘公濬著《平交録》，其叙功次，訛舛且略，予因備識於篇，以竢史氏者采焉。

【校記】

〔一〕「征夷大將軍」，《明太宗實録》卷五六，《明史》卷一四五《朱能傳》、卷一五四《張輔傳》，明王世貞《弇州山人續稿》卷八三《定興宣平二王世家》等均作「征夷將軍」，無「大」字。

〔二〕「雞翎關」，《定興宣平二王世家》同底本，《明太宗實録》卷六〇、《明史》本傳、本書卷六《吕毅》作「雞陵關」。雞陵關，在今越南諒山北。清顧祖禹《讀史方輿紀要》卷一一二安南諒山府隘留關條云：「在府北文淵州界，又南爲雞陵關，又南爲芹站。」

〔三〕「國王蒼蒼」，《明太宗實録》作「國王黎蒼」，底本當誤。

〔四〕「慈廉縣」，《明太宗實録》卷九三、《明史》本傳作「慈廉州」，底本誤。

〔五〕「孔目册」，《明太宗實録》卷九三同底本，《明史》本傳作「孔目柵」。

〔六〕「阮人柱」，原作「阮人桂」，蓋形近致訛，據《明太宗實録》卷一〇〇改。

〔七〕『鄧鎔』，原作『鄧容』，本文他處及《明太宗實録》卷一一七等均作『鄧鎔』，另據本文鄧鎔弟名鄧鋭，二人名中皆有『金』，則當作『鄧鎔』，據以改。

〔八〕『愛子江』，《明太宗實録》卷一四六、《明史》本傳作『愛母江』。

〔九〕『何栗』，《明太宗實録》卷一四六作『何粟』。

〔一〇〕『昆蒲册』，底本同《明太宗實録》卷一四七，《明史》本傳作『昆蒲柵』。

〔一一〕『多漁海口』，《明太宗實録》卷一四九作『多魚海口』。

〔一二〕『七十有二』，《定興宣平二王世家》同底本，《明英宗實録》卷一八一、《明史》本傳作『七十有五』。

〔一三〕『懋薨，子欽嗣。欽薨，子崙嗣』，《定興宣平二王世家》云『子欽嗣，未幾卒。子崙嗣』，義同底本；《明史》卷一〇六《功臣世表二》則載，懋子名曰『鋭』，未嗣爵；懋薨，孫『崙』襲爵。

# 卷之六

王彰　許廓　趙玒　古朴　靳義　周濟　張信　吕毅　皇甫仲和

## 王彰

王彰，字文昭，鄭州人也。洪武二十年舉于鄉，明年補國子生，使山東平糴〔一〕，以益軍儲，同行者受賄慢事，彰數讓之，不從，竟坐敗，彰遂以此知名，擢爲吏科源士。逾年，革源士，改給事中，陞都給事中，再陞刑部員外郎，執法嚴明，人不敢干以私，居未幾，出補山西左參政。

永樂改元，召爲禮部右侍郎，以憂歸，服闋，改户部，命祀西嶽。還，上疏言陝州及新安民有鬻子女償負租者，遂下詔蠲負租，官爲贖所鬻子女。十一年，彰改都察院右副都御史，從上北狩〔二〕。時母年八十〔三〕，特命歸省，且諭之曰：『君子居官不忘親，居家不忘君。凡所過，民之安否，吏之賢不肖，汝宜用意咨訪，歸悉以聞。』既還奏，上嘉悦，陞右都御史。十九年春，有誣巇我周不法者，復命巡撫河南以察之，以二御史從行。彰至，迹其事無有，乃上疏辯，且曰：『臣以百口保王無它。』上疑乃釋。是歲，河南大水，民多流亡，而長吏不恤，遂奏黜其貪剋者九百餘人〔四〕，罷不急之徵十餘事，招復流移幾五萬家，發廩賑貸，賴全活者不可勝紀。先是，賊張大聚亡命嵯峨山行劫，商賈爲之不通，妖尼宋繼善與其徒數百人扇衆作亂，彰悉捕斬之。事寧，省母，母具食頃，有丐者至，母以餕與之。明日至府，御史以餕獻，即丐者也。其伺察之密類此。

昭皇嗣位，彰進資政大夫，推恩封贈三代，如其官。宣德初，或言邊備不謹，命彰按問，自山海至居庸，還奏各關指揮而下擅離所守之地若干人。上令械至訊鞫，仍命兵部三月一遣御史、給事中點視，遂著爲令。明年四月，彰以疾卒，上賜棺，且命兵部給舟車歸其喪，有司營治葬域。彰性至孝，以父早世，事母甚謹。在京師，所得四方珍味，必遣人馳獻，然後敢嘗。所入俸禄，必分其族人。嚴於家訓，子弟有違禮者，必痛責之，俟其改悟乃已。

論曰：余聞王震澤云：『鄭州公爲人恂恂而謙恭莊重，至於臨法，雖親故不貸。善伺察，當按河南時，嘗令其屬爲微行，郡縣吏有奸狀者，輒置以重辟，人情震讋。』於戲！今安得若人而一洗濁穢之風乎！

【校記】

〔一〕『山東平羅』，原作『山東東平羅』，衍『東』字，據《明宣宗實録》卷二七、《明史》卷一六〇《王彰傳》、《國朝獻徵録》卷五四所録朱睦㮮《右都御史王公彰傳》删。

〔二〕『北狩』，《明宣宗實録》卷二七作『北巡守』，《明史》本傳作『北巡』，意稍異。

〔三〕『母年八十』，《明宣宗實録》卷二七同底本。《明史》本傳作『母年八十餘』，當衍『餘』字。

〔四〕『九百餘人』，數字似過大，《明宣宗實録》卷二七、《明史》本傳均作『百餘人』，或當從。

## 許廓

許廓，字文超，許之襄城人也。洪武三十二年鄉舉。永樂五年授錦衣衛經歷，未幾，遷工科給事中，復遷鴻臚寺左寺丞。十年，以薦拜工部右侍郎。十二年，文皇北征，廓督餉。明年，營建北京，廓提督神木廠。工竣，特賜宴勞。時交阯已入職方，户口田賦未有定額，遣廓往理。及還，條奏數事，上皆嘉納。昭皇即位，進左侍郎。宣德五年，河南民饑，流徙者甚衆，命廓拊循，上親製詩送之，曰：『河南百州縣，七郡所分治。前歲農事缺，始旱澇復繼。衣食既無資，民生曷由遂？顧予位民上，日夕懷憂慮。爾有敦厚資，其往勤撫字。徙者必綏輯，饑者必賑濟。咨詢必周歷，毋憚躬勞勩！虚文徒瑣碎，所至見實惠。勉旃罄乃誠，庶用副予意。』廓至，旌廉黜貪，榜示有司，弗得復有科擾，凡夫匠雜役及諸采辦積逋租物，悉奏免，於是復業者數萬户。廓還，上褒賚備至。六年，行在兵部尚書張本卒，以廓代之。本嚴厲詳密，廓承其後，濟之以寬，人心大悦。年五十六卒。

論曰：巡撫之設，即成周以王朝卿出監之意也。洪武、永樂之際，或曰採訪，或曰巡視，事已即還，宣德庚戌乃置專職，其遷轉亦以年資深淺計也。嘉靖三十二年，都御史蒲圻謝公櫰署學政，副使慈谿張公察巡撫有治績者建祠祀之，於是張公過余考論，得王公彰、許公廓輩十有二人，會謝遷官，不果祠，附主于肅愍公祠内，而王、許不預焉。於戲！二公當永、宣之際，有大造於兹土，世尠有知者，余故備録于篇，以俟觀者。

## 趙玒

趙玒，字雲翰，祥符人也。其父自邢臺遷汴。〔一〕元季兵亂，玒方在襁褓，母抱匿林莽間〔二〕，卒遇虎，置於地，虎熟視而去。稍長，英偉多才，善屬文。洪武二十年舉於鄉，入爲國子生。又三年，授兵部主事，命覈天下兵馬、諸路屯戍，補其缺而增其所宜置，具圖以進。太祖以其能，陞員外郎，尋陞浙江右參政。文皇嗣位，命使交阯，宣揚德意，酋長款服，歸以金寶奇貨饋之，一無所受。使還，陞刑部右侍郎，尋改工部，再改禮部，未幾，陞本部尚書，賜宴於華蓋殿。羾辭免，文皇面諭曰：『卿國家大臣，輔佐有道，無辭也。』命徹御筵饌羞，以遺其母，士林榮之。永樂六年，敕建仁孝皇后山陵，初文皇擇吉壤，久不得，乃遣羾相之。羾又薦江西人廖均卿與之偕至昌平，遍閲諸山，得縣東黄土山最吉，文皇即日臨視，定議封爲天壽山，命武義伯王通董役，授均卿官，賜羾寶鏹、文綺。十年，復命羾督開隆慶、保安、永寧諸州縣，撫安新集之民。十五年，改兵部尚書。明年丁内艱。〔三〕起復，專理塞外兵政〔四〕。上北征，羾給饋餉不絶。昭皇嗣位，復改刑部。宣德間，以疾乞致仕歸。正統元年〔五〕，年七十三卒〔六〕。所著有《傖父集》。子愚，舉賢良方正，仕終丘縣知縣。

論曰：趙公歷事四聖，遍履諸曹，階望不謂不尊矣，而其心常翼翼不自滿假，每遇白屋之士，則吐握以迎，一長輒詢，片善必録。《書》所稱：『人之有技，若己有之；人之彥聖，其心好之。』若趙公，近之矣。

【校記】

〔一〕『祥符人也。其父自邢臺遷汴』，《國朝獻徵録》卷四四所録李濂《刑部尚書趙公羾傳》同底本，《明英宗實録》卷二〇、《明史》卷一五〇《趙羾傳》則云：山西夏縣人，徙於祥符。楊榮《楊文敏公集》卷一八《趙公神道碑銘》云：

「其先爲邢臺鮮于社人，元季擾攘，公之父攜家避兵於平陽夏縣，而公始生。……世靖，將歸邢臺，道經於汴，閱其風土而樂之，因家於汴，遂爲汴人。」當以楊榮之説爲是。

〔二〕「母」，底本無，據《刑部尚書趙公羾傳》《趙公神道碑銘》補。

〔三〕「十五年，改兵部尚書。明年丁内艱」，底本同《明英宗實録》卷二〇、《刑部尚書趙公羾傳》、《趙公神道碑銘》，《明史》本傳云：「十五年，丁母艱，起復，改兵部尚书。」《明史》本傳當誤。

〔四〕「專理塞外兵政」，原作「專理塞外兵政二十年」，據上文，趙羾於永樂十六年爲兵部尚書，仁宗嗣位即改刑部尚書，其間僅六年左右，專理塞外兵政二十年顯然不符合實際情況。據《明英宗實録》卷二〇、《明史》本傳、《刑部尚書趙公羾傳》、《趙公神道碑銘》删「二十年」三字。

〔五〕「正統元年」，底本無，據《明英宗實録》卷二〇、《明史》本傳、《刑部尚書趙公羾傳》、《趙公神道碑銘》補。

〔六〕「年七十三」，《明英宗實録》卷二〇、《明史》本傳、《刑部尚書趙公羾傳》同底本，《趙公神道碑銘》作「年七十二」。

## 古朴

古朴，字文質，陳州人也。洪武中，以鄉貢隸五軍斷事司理刑，遂奏家貧願仕，冀得禄養母。太祖嘉之，除工部營膳主事，迎母就養京師。居無幾，母殁，官給舟歸葬。服闋，改兵部，歷陞武選員外郎、郎中，遂進兵部右侍郎。文皇即位，轉左侍郎〔一〕。上巡狩北京，侍昭皇監國，命署禮、兵二部及詹事府事〔二〕。洪熙元年，改通政使，尋陞户部尚書。先是，主事劉良素行不檢，朴考其績下，良叩上之左右求最考，朴曰：『貪侈之人，幸未覺露，不改，終敗，最考不可得也。』良遂誣奏朴他事，既就逮，文皇燭其誣，竟釋之。他日，吏部奏授良誥，昭皇曰：『良素亡行，又嘗誣奏大臣，若與誥，即爲善者怠矣。』屢請不許，良後果以賕敗。朴在朝三十餘年，自郎署至六曹，兢兢畏慎，守身如處子，所治職務，退未嘗語其家。宣德三年卒。

論曰：余聞古公嘗寢疾，楊文貞入視，見所居蕭然無它物，几上惟《自警編》一帙。此與韓魏公《論語》唾壺事頗類。嗟乎！世稱古公廉，信然哉！信然哉！

【校記】

〔一〕『轉左侍郎』，《明宣宗實録》卷三〇、《國朝獻徵録》卷二八所録楊士奇《古公朴神道碑》同底本，《明史》卷一五〇《古朴傳》作『改户部』，同卷《郁新傳》云：『召（郁新）掌户部事，以古朴爲侍郎佐之。』又《明太宗實録》卷一〇云：『兵部右侍郎古朴爲户部右侍郎。』

〔二〕『命署禮、兵二部及詹事府事』，《明宣宗實録》卷三〇同底本，《古公朴神道碑》作『命權禮部及詹事府』，《明史》本傳作『佐夏原吉理户部』。

## 靳義

靳義，字原禮，淇縣人也。洪武中，以國子生授北平道監察御史。永樂初，出按北京，糾治貪墨，决疑獄滯訟，皆得其情，吏民畏服。日恒蔬食，毫髮無取於下。時皇太子居守北京，賜魚米以旌其廉，且語左右曰：『靳義可謂真御史也。』未幾，陞湖廣按察司副使，首舉正憲使吴公悦、都指揮王玉奸贓之罪，風紀肅然。昭皇即位，方欲徵用，會疾卒。

## 周濟

周濟，字大亨，洛陽人也。永樂十二年薦於鄉，歷事都察院。先是，蠡縣豪民毆殺人，賂同行者，坐一老人。屬濟訊有疑，居二日，得豪民奸狀，濟以此知名，除江西都司斷事。正統初，擢監察御史。明年，鎮守大同太監郭敬以僭横聞，敕一御史往詗不得，復以濟往。乃微行代負芻者入其宅，盡得敬陰事。上奇之，命按四川。時威州土官董敏、王允讎殺累年不解，濟令人賫榜宣諭，允讀榜沉思久之，書囮字於榜尾，令持還。衆不解，濟曰：『囮，鳥之媒也。意謂誘而殺之耳。』復釋此意，示以誠信，允大驚，即以馬數十令子弟入貢，敏亦愧服。逾年，安慶告饑，廷臣薦濟出守。濟設法賑捄，所活不啻萬計。後卒於官，六縣吏民爲之罷市巷哭，執紼至洛者數十人。

論曰：自蹇謇之風息，而脂韋之俗成，任厥職者鮮稱名矣。靳公原禮糾治擿發，憲章肅整，而又自奉貶損，罔需於下，所謂正己而後正人也。周公大亨辨疑獄，詰奸慝，乃其秩也，而又安遠夷。子困窮非哲，而惠能之乎？

## 張信

張信，字彥實，輔從兄也。洪武三十二年舉鄉試第一〔一〕。永樂初，拜禮科給事中，尋遷刑科都給事中。九年，擢工部右侍郎。會河决，壞民田廬，上遣信來視。信乃繪圖馳奏曰：『臣訪得祥符魚王口至中灤二十餘里，有舊河岸，與今河面平。浚而通之，俾循故道，則水勢可殺。』詔從之。發河南民夫十萬，相度浚治。工竣，信還京。時昭皇監國，遣人勞視。居頃之，浙江守臣奏江塘潮决，昭皇復使信往治，不數月，修築如故。洪熙初，轉兵部左侍郎，賜賚金綺甚腆。輔以信爲同族，奏乞改授武階，於是調懷遠將軍、錦衣衛指揮同知，尋擢昭勇將軍、本衛指揮使。宣德改元，都督蔡福叛交阯，命信帥兵往剿，事寧，擢四川都指揮僉事。未幾，進驃騎將軍、都指揮使。在蜀十五年，紀律嚴整，羌夷莫之敢犯。正統十年六月，卒於官，年七十一歲。上賜祭，仍命有司歸葬祥符縣東之白塔原。

論曰：余嘗過汴之東郊，謁驃騎祠墓，已荒廢，鞠爲茂草，徘徊瞻眺，未嘗不愴然而悲也。因憶少時，聞驃騎爲諫議，封駁糾彈，無所顧忌，貴戚爲之斂迹。及命平交鎮蜀，而又勳庸赫著。《傳》曰：『有文事者，必有武備。』驃騎其庶幾乎！

【校記】

〔一〕『洪武三十二年』，即『建文元年』，《明史》卷一四五作『建文二年』。建文元年有鄉試，二年爲會試，《明史》誤。

## 呂毅

呂毅者，項城人也。始爲濟陽衛百户〔二〕，文皇靖内難，毅從征，以功積官至指揮同知。永樂三年，陞都指揮僉事，與黄中同治兵廣西，又同以兵送前安南王孫陳天平歸國，中違上指使，毅不能争，敗績於雞陵。既皆宥其罪，仍以本職從征，以毅過薄，命充鷹揚將軍。交阯平，毅與有勞，命掌交阯都司事。毅沉深，有勇略，與賊戰，深入陷陣死焉。是時，鹿邑柳宗亦以都指揮同知從征，遇害。

論曰：余昔覽交南事，未嘗不廢書而嘆。何也？難成者功，易失者時，定興四履其地，交人震讐。爲國計者，當擬沐公故事，留鎮交南可也。此既失策，黄忠宣公忠信篤敬，民夷悦服，又不應召還，易以黷貨之閹守之，遂致群醜嘯聚，而吕毅、柳宗死之。當是時，定興尚存，單騎而往，可平也，乃當國者暗懦苟安，不察繼絶，妄請之一言，遂弃中華數百年之故地。夫拊我則后，虐我則讎，吾民且然，矧遠夷邪？於戲！國耻未雪，疆場未復，故令志士材臣至今猶扼腕云。

【校記】

〔一〕「濟陽衛」，《國朝獻徵録》卷一〇八據《實録》所作《都督僉事吕毅傳》同底本，《明史》卷一五四《吕毅傳》作「濟南衛」。據《明史》卷九〇《兵志·衛所》，北平都司下設「濟陽衛」，山東都司下設「濟南衛」。明成祖從北平起兵靖難，《明史》本傳疑誤。

## 皇甫仲和

皇甫仲和者，睢州人也，精天文推步之學。文皇北征，袁忠徹以相、仲和以占，從師至漠北，不見虜，上意疑，欲還師，召仲和占之。曰：『今日未申虜至〔一〕。』上問自何方，曰：『自東南。』『勝負如何？』曰：『王師始却終勝。』召忠徹問之，一如仲和之言。上怒曰：『汝二人朋比欺我乎？』即械之。曰：『今日虜不至，二人皆死。』乃命中人往覘，日中不至，復召二人占，對如初。居頃之，中人奔告曰：『虜大至矣。』時初得安南神鎗，一虜直前，即以神鎗擊之，二虜繼進，復中鎗而斃。虜乃按兵不動。頃之，虜衆齊發，上登高望之，召總兵譚廣曰：『東南隅不少却乎？』廣率精兵舞牌往砍馬足，虜稍却，已而疾風揚沙，兩不相見，虜引去。上欲乘夜引還，二人曰：『不可。明日虜必來輸款。竢其降，整師而去。』明日，虜果詣軍門，伏曰：『不意乘輿在是也。』上以幣賜之，乃還。正統十四年，仲和老矣。學士曹鼐與鄰，時有旨親征北虜，鼐急歸，召仲和與議曰：『胡、王兩尚書方率百官諫，尚可止乎？』仲和曰：『不能止也。紫微垣諸星皆動矣〔二〕。』曰：『事將若何？』仲和曰：『以老夫計之，當先治内而後行。』曰：『已有旨，某監國。』仲和曰：『不如立儲君而後行。』曰：『東駕幼，且未易立也。』仲和曰：『恐終不免於立。』及上北伐，果值土木之難。虜騎逼城下，城中人皆哭，仲和登高望，謂家人曰：『雲頭不南向乎？』曰：『然。』曰：『大將氣至，虜將退矣。』明日，楊洪自宣府、石亨自大同將兵入援，虜遂遁。

論曰：聖人不語怪神，罕言性命，或開末而抑其端，或曲詞以章其義，所謂『民可使由之，不可使知之』。文皇雅好數術，物色異人，於是海内懷挾道藝之士，莫不畢至。袁忠徹、皇甫仲和，其最著者也。仲和當從征時，占胡人輸款，及與曹文忠論立儲退虜，日時無毫髮爽，何神異若是也！余以爲雖小道，而有裨於時，故特録焉。

【校記】

〔一〕『未申』，原作『未中』，蓋形近致訛，據《明史》卷二九九《皇甫仲和傳》、王鏊《震澤紀聞》卷上、《國朝獻徵録》卷七九所録王鏊《皇甫仲和事迹》改。

〔二〕『紫微垣諸星』，原作『紫微垣星』，下文稱『皆動』，可知非僅指『紫薇垣』一星，據《明史》本傳、《震澤紀聞》卷上補『諸』字。

# 卷之七

顧佐　軒輗　耿九疇　李璵　石璞　劉溥　邢恭　劉進

## 顧佐

顧佐，字禮卿，太康人也。洪武三十三年進士，授莊浪知縣。午節，守將集僚屬會射，以佐文士，易之〔一〕。佐三發俱中〔二〕，且進止安暇，觀者驚嘆。罹父憂，起復，擢監察御史。永樂初，使廣西，招撫慶遠洞蠻夷，繼命四川監採營造木植，復命隨征沙漠，巡視邊關。既還，遷江西按察副使，未幾，召爲應天府尹。剛稜不撓，吏民畏服，貴戚爲之斂迹。議者以爲包孝肅之尹開封弗過也。昭皇嗣位，改通政使。

宣德初，扈從伐漢，漢平，賜以人口、白金、文綺。三年，上退朝，問廷臣誰可使掌憲者，楊士奇、楊榮交薦，拜左都御史，賜璽書，令佐洗滌積弊，進退其賢不肖。佐於是奏知縣孔文英等十四人，教諭楊禧等二十四人，俱堪風憲。又奏御史嚴噎等三十人，及都事趙玭、司務段凱等若干人，俱宜黜降。〔三〕又奏水軍右衛倉官宋忠侵欺糧萬四千五百石有奇，户部郎中黄紀受賂免盤，審訊已明，法當重擬。又奏廷臣邇來請謁公行，以奢相尚，宴飲必用倡妓，酣歌恒舞，朋淫比媚，上下觀效，法紀廢隳，此非清明之朝所宜有也，願一切禁止。詔俱從之。四年，吏有遭笞者，摺佐之過，謂受隸金放歸，悉具姓名以聞。上以示士奇，對曰：『所訴誠有之，今朝官月俸止給米一石，薪炭馬芻咸取給於皂，不得不遣半歸，使備所用，皂亦得歸耕，實兩便。京朝官皆然，自永樂以來如此。仁廟知之，所以欲增朝官之俸。』上嘆曰：『朝臣之艱如此！』因怒訴者曰：『朝廷用一好人，輒爲小人所排。』乃以吏所訴狀付佐自治。佐叩首退，召吏示之狀，吏恐甚。佐曰：『上命我治汝，我姑容汝，但改行爲善。』竟不問。上聞之，喜曰：『佐得大體矣。』居亡何，有囚告佐數枉人重罪，上大怒曰：『此必有重囚教之排佐。』命三法司鞫之，則千户臧清所使也。清時殺一家無罪三人，當坐極刑。上立命磔清于市。五年八月，車駕巡邊，命佐居守。六年十二月，佐言永樂中進士命於刑部、都察院理刑，今欲仍命與御史、郎中、主事分鞫獄囚，庶幾諳練。蓋時制進士於各衙門觀政，不僉署文案故也。八年十月，佐以疾在告，上遣中使數問，及愈入見，上喜甚，親賜慰諭，免其朝參，視事如故。

正統初，竟以疾歸，家居十餘年卒。佐性嚴重，不口毁譽人，旦晚候朝前，呵雙藤立朝房外，百僚騎而過者，皆折旋避之，非公事未嘗與諸司群居，時稱爲顧獨坐云。

論曰：昔顔子問爲邦，孔子告之曰：『放鄭聲，遠佞人。』斯二語，乃萬世爲治之本也。顔子有王佐之才，故孔子語之以此。宣廟臨御之初，臣僚頗縱恣，苞苴公行，女樂雜進，流風易靡，莫有紀極。及顧公爲都御史，糾正官邪，昭明法紀，故永、宣之際，海宇晏寧，百姓殷富，説者比隆成康、文景之治。顧公雖謂王佐之才，亦可矣。

【校記】

〔一〕『易之』，《國朝獻徵録》卷五四所録《京學志》載《左都御史顧公佐傳》同底本，《明英宗實録》卷一四五、《明史》卷一五八《顧佐傳》作『難之』，當從。

〔二〕『三發俱中』，《左都御史顧公佐傳》同底本，《明英宗實録》卷一四五、《明史》本傳作『一發而中』。

〔三〕『佐於是奏知縣孔文英等十四人，教諭楊禧等二十四人，俱堪風憲。又奏御史嚴皚等三十人，及都事趙玭、司務段凱等若干人，俱宜黜降』，《明史》本傳云：『佐視事，即奏黜嚴皚、楊居正等二十人，謫遼東各衛爲吏，降八人，罷三人；而舉進士鄧棨、國子生程富、謁選知縣孔文英、教官方瑞等四十餘人堪任御史。』

## 軒輗

軒輗，字惟行〔一〕，鹿邑人也。性廉介，不妄言笑，讀書所群狼馴卧其側，不爲害，輗亦不以爲異也。永樂二十二年，舉進士。嘗催糧淮上，冬月舟行墮水，救出，衣盡濕，以綿被自裹，有司亟爲製衣一襲，弗受，徐待衣乾，服之。尋擢監察御史。

正統間，以薦爲浙江按察使，清嚴整暇，公庭肅然，廨無僕妾，妻執井爨。嘗行郡縣，至儀門，會僚屬，檢閱衣橐，歸亦如之。所至山岳動摇，貪吏望風潛遁。著一青布袍，無間寒暑，破則補綴。所食不過蔬食，或日啖燒餅一枚，與僚屬約，三日各出米，止易肉一斤，家口衆者甚不能堪。故舊會晤，止供一飯，或烹一鷄，則人駭之，以爲盛饌，不易得也。自聞親喪，即日就道，僚屬有未及知者。服除，陞副都御史，總理南京糧儲，清操愈厲。僚友設宴，或有看席，即拒不受。

景泰初，浙江吴金八等作亂，命輗經略。未幾，斬俘逆寇八千有奇，餘黨悉降。捷聞，康定帝降敕褒諭。會也先入寇，京師戒嚴，少保于謙數薦於朝，復命還南京居守，加從二品俸。是年，特命考察其屬御史吴節等十六人，臺綱肅然，天下想聞其風采。

睿皇復辟，召爲刑部尚書，居數月，以疾致仕。陛辭之日，上曰：『昔聞浙江憲使秩滿歸，僅攜二竹籠〔二〕，非卿乎？』輗頓首，上欲留用，輗懇辭始許。明年，上復念之，以問李賢，賢曰：『輗之素行，海内共知。』再召爲左都御史，復總理南京糧儲。歷六年，前後上三百餘疏，皆切中時弊，上多採納。七年四月〔三〕，以疾卒。

輗律己甚嚴，居南都，閉門謝客，歲時詣禮部拜表慶賀，屏處一室，撤去侍燭，朝服端坐，寂無一言，待鼓嚴而出，終事竟歸，不告于同事者。同事者聞其來，亦不樂與處，皆避去。平生俊偉之節，惟恃公牘之存，間令吏寫數十大册，以爲他日考此足矣。紀載之文，一無所好。及卒，朝廷修《睿皇實録》，從其家求輗行實，無有也。惟寫生卒年月送官耳。

論曰：軒公性介潔，治尚簡嚴。在南都、浙省，謂其風俗侈靡，自奉甚約，宴游俱罷，廨宇肅然，不異寒士。歷官三十餘年，不市南中一物。雖李及之守杭，趙抃之治蜀，不能過也。第紀載闕略，鴻謨偉蹟，不獲盡見。君子惜之。

【校記】

〔一〕『字惟行』，《明史》卷一五八《軒輗傳》、《國朝獻徵録》卷五九所録彭韶《軒輗傳》同底本，《明憲宗實録》卷五、《國朝獻徵録》卷五九《都察院左都御史軒輗傳》、《國榷》卷三四作『字惟衡』。

〔二〕『攜二竹籠』，《明史》本傳作『行李僅一簏』。

〔三〕『七年四月』，《明史》本傳作『天順八年』，《明憲宗實録》卷五、《都察院左都御史軒輗傳》、《國榷》卷三四等均作『天順八年五月』，底本誤。

## 耿九疇

耿九疇，字禹範，盧氏人也。永樂二十二年進士。宣德間，擢禮科給事中。正統初，遷兩淮鹽運司同知，盡革宿弊，條奏數事，悉著爲令。八年，丁母憂，鹽場數千人走闕下乞留，乃進鹽運使，廉聲振江淮間。嘗臨水坐，有童子戲其傍，九疇曰：『此水何清也？』童子曰：『尚不如使君之清。』因號恒菴以自勵。亡何，以詿誤逮至京師，事白，陞刑部右侍郎，數辨疑獄。有婦誣其夫，所司擬斷異，九疇不可，杖其婦而歸之。鳳陽歲饑盜起，命九疇往視，乃留英武、飛熊諸衛軍且耕且守，招徠流民七萬餘户，一方晏寧。兩淮鹾政，自九疇去任多廢，至是復屬九疇兼理之。尋又奉敕巡撫江北諸郡。

景泰初，命録諸郡大辟囚，原免者二十六人。有婦來何菊家，既去，死其家，訟菊與弟殺之。九疇辯其誣，後果得殺婦者，人服其明。代還，復鎮陝西。初，六部卿佐使外者，文移不得徑下，按察司多偃蹇不受約束，九疇奏下之。邊將請增臨洮諸衛兵，下九疇議。九疇言：『邊兵已足用，在馭之何如耳。將能嚴紀律，信賞罰，絶侵漁，訓練有方，則人人敵愾矣。不然，雖增兵何益，徒冗食耳。』竟如九疇議。初，邊民春夏出就田作，秋冬輒入徙。九疇奏言：『將所以禦寇衛民者也。今民皆避寇失業，將焉用彼將哉？』乞禁民入徙，虜至，將不能衛民者，重罪之。是年，擢九疇爲右副都御史，仍鎮其地。詔下，有司買羊角以製燈，九疇上疏曰：『昔宋神宗買浙燈，蘇軾諫止之。今買羊角，無乃類是乎？《書》曰：「不矜細行，終累大德。」』遂罷買。災異求直言，復上疏乞廣聰明、别忠佞、擇守令、簡將帥。上優詔答焉。

天順初，睿皇顧謂侍臣曰：『耿九疇，正人也。今安在？』即日召爲右都御史。首疏五事，多見采納。時邊情不寧，九疇以罪由石亨，將帥、諸御史廷劾，事泄，反爲所誣，出爲江西布政使，尋改四川。上一日與李賢論人才曰：『耿九疇何如？』賢曰：『此人操行誠不易得。』未幾，召還，拜南京刑部尚書。四年八月，以疾卒，謚清惠。九疇性廉介，自奉儉約，敦崇古道，慕趙清獻公爲人，嚴毅不撓，權貴敬憚。雖累遭讒困，而不變所守云。子裕，自有傳。

## 李璵

李璵，字廷瑞，祥符人也。父節，永樂中爲州判官，操持清苦，坐污衊，免官。璵盡傷之，振厲志節。景泰五年，登進士，授户部廣西司主事，敕権濟寧舟税，未幾，積羨金數萬，璵盡輸之官，用是擢四川司員外郎，復命稽察畿内諸郡縣府藏，所至先封其倉庫，按籍核之，典守者弗得容其奸，參劾罷去者若干人。居無何，璵墜馬傷足，朝謁弗便，時盧氏耿裕爲吏部侍郎，與璵同舉進士，雅重之，遂奏擢長蘆鹽運使。璵嚴立條格，錙銖無所取，其得俸金，恒班諸宗族里閭之貧者。及致仕還，篋笥無長物，惟故人某贈《赤壁圖》一幅，時人比之李及、白集云。璵既歸，田廬弗增益尺寸，乃課士自給，林居二十年，未嘗一謁官長，歲惟春冬鄉飲，再入城，宴畢即返村舍，年逾七十卒。

論曰：國家實邊，惟資鹽課，鹽課之設，與屯田相爲表裏。自尚書葉淇令商人罷輓粟而輸金，鹽法遂壞，屯田亦廢，坐是邊不復實矣。其司鹽課者以易致污衊，有志之士率規避不就，而銓司亦多以耄荒者授之。法既不行，奸蠹日滋，如此欲克國用，難矣。余聞耿公之在兩淮，李公之在長蘆，一物弗取，宿弊盡除。童子歌其清，郡人頌其德，至百餘年不衰。今誠擇任運司皆如耿公、李公，而掌國計者復懲輸金之弊，使鹽法行而屯田興，謂邊不實者，未之有也。

## 石璞

石璞，字仲玉，臨漳人也。永樂九年舉於鄉。宣德初，授監察御史，從上平漢有功，遷江西副使、按察使、山西布政使。

璞剛介有治才，所在著稱。江西時，有民娶婦三日矣，婿往拜其家，婿先歸，婦後失之，遍索不獲。婦翁訟婿殺女，婿不勝搒掠，自誣服，云弃尸前塘，中官使人求之，果得尸。獄成，獨璞疑曰：『殺其人而弃其尸，非深怨者不如是也。彼初昏，方燕好，胡乃爾爾。』出囚，問曰：『爾辭信乎？』囚叩頭曰：『信速死，公之賜也。』屢問皆然。璞計無所出，乃齋沐夜焚香，祝曰：『此獄關綱常，萬一其婦與人私，其夫既受污名，又枉死，於理安邪？天其以夢覺我。』夜果夢人贈一『麥』字，璞思曰：『兩人夾一人也，獄有歸矣。』比明，械囚首，令待時行刑。囚未出，璞見一童子竊向門内窺，璞令人召入曰：『爾羽客，胡爲至此？得非爾師令爾偵某囚事乎？』童子大驚吐實，果二道士素與婦通，見匿之槁麥中。江西人號曰斷鬼石。璞在山西，其夫人與諸僚姜燕歸，愠曰：『彼皆金珠綺綵，吾布裙襖，甚不稱布政妻也。』璞曰：『爾何座？』曰：『席首。』璞曰：『使吾墨于憲，汝安得居此席？且吾素不以妻子故宦，彼金珠綺綵者，後欲居汝席，得乎？』明年，其夫果有以墨罷者。

累進工部尚書。正統十三年，河决滎陽，經曹、濮至陽穀入漕河，潰沙灣東堤入于海，命璞治之，河决口塞。明年，處州盗起，命璞討平之。景泰初，也先寇獨石，命璞兼大理寺卿往禦，璞充餉，勒兵修垣守險。景皇賜璽書曰：『爾勤善謀，素爲邊人信，故爾命。』事寧，加太子太保，改兵部尚書。七年，湖廣苗叛，民李珍、魏玄冲往爲用，道之寇掠，作讖文，湖湘訛言沸騰，民用大擾，又命璞往。璞以計生得珍、玄冲，檻送京師，苗平，還治部事，數年致仕。見鄉人爲縣尉歸者宴飲，几上陳銀卣，前列金杯十餘，璞曰：『汝宦幾年矣？』曰：『未滿考也。』曰：『胡歸乎？』曰：『刁民訟吾貪，奪職。』璞曰：『嗟乎！使吾治汝，汝焉能歸鄉里哉？』拂衣出。

天順四年，睿皇召大學士李賢謂曰：『石璞，純臣也。聞其尚健，然貧，爲我以璽書召來。』璞至京，上召見文華殿，璞服青袍、繫角帶入。上曰：『吾賜爾緋玉敝乎？』璞叩頭曰：『臣平生以孤忠奮，無結納。今臣自分填溝壑矣。詔至，臣自知亡他途，必臣有罪當誅譴耳。』上笑。是時，璞微聵，乃命掌南京都察院事。成化初，致仕歸彰德，無宅第，假太僕行署居之，後竟不能治第。既卒，有司令其家納金，以行署長歸之。

## 劉潺

劉潺，字宗瀾，安陽人也。天順元年進士，授刑部主事，上疏乞分禄養親，許之。在郎署，四時著一布袍，出止乘驢。時湖廣都御史翁世資與都指揮某訟，詔潺往會御史焦顯治。顯欲歸獄都指揮，潔曰：『如公言，何名爲法？』卒坐世資。及遷郎中，京師富宦兄弟争襲，各重賂，累年不決。至是賂潔，潔持金白于堂官，事乃竟。進浙江參議，進士盧某暴其鄉，潔案問，除名。遷陜西參政，再遷四川布政使，却宣慰楊氏金。召爲順天府尹，道出褒城，見流民入蜀就食，守關吏不許。潔令弛禁。尋擢都御史，巡撫遼東。弘治初，致仕歸，日課童僕，耕以自給，暇則口授諸孫書，春秋祭墓必泣，淳切質直，亡華言，雖幼賤，與均禮。當疾革，遺命毋干恩澤。卒年七十有八。

論曰：余聞崔太史云：石公仕宦四十餘年，買田僅百畝，居無廬，假公署而寓，妻則荆簪布裙，子則躬秉耒耜。劉公自奉貶損，兩却金而正法，又屬子孫免干恩澤。二公皆志在國家，不以私室爲念者也。至其决大獄，平大寇，功業彪炳，世多知者，不論。論其清約之操、堅貞之性如此云。

## 邢恭

邢恭，字克敬，鄭州人也。宣德二年進士，授翰林編修。母歿，自京師徒歸，不入城府。既葬，結廬墓側，屢有祥應，有司言狀，詔特旌焉。

## 劉進

劉進，字文升，光州人也。景泰四年舉於鄉，釋褐爲太平府通判，聞父卒，即日解任。比至，母遘疾亦篤，進日夜侍，衣不解帶，湯藥必嘗。及母卒，水漿不入口者三日。既葬，遂廬墓側，哀慕食澹，毁瘠骨立，手植柳柏五百餘本，逾年枝葉繁茂，烏鵲馴集不去。有司白於朝，特賜褒異。及免喪，拜太僕少卿。卒，孫繪以進士授給事中，嘗抗疏劾夏言，言忌之，出爲崇慶知府，尋令致仕。中州自進卒十餘年，又有苑馬少卿劉濟、監察御史趙時中、布政司參政張文佐，俱以廬墓旌表。

論曰：余觀前史列傳，孝行皆出編氓，士大夫與者蓋尠。我朝以孝治天下，而縉紳多被旌者，邢公輩是也。夫世俗日漓，士不古若，往往以孝爲迂，遭喪則飲酒宿内，無異平居，視邢公輩，其賢不肖皦然矣。

# 義

# 卷之八

李賢　羅綺　王宇　趙敏　李敏　李和

## 李賢

李賢，字原德，鄧州人也。生有異質，讀書目數行下。宣德七年舉鄉試第一，明年登進士。使山西，時河東薛瑄以御史在告，賢往造，叩質所疑，瑄亟稱其英悟淳確，非流輩可及。正統元年，授吏部主事，歷陞郎中。十四年秋，虜寇大同，上親伐之，吏部侍郎當扈從，以疾告，賢代行，師潰于土木，睿皇北狩，扈從官多預其難，賢瀕死而還。

景皇即位，上《正本十策》，曰勤聖學、顧箴警、戒嗜欲、絶玩好、慎舉措、崇節儉、畏天變、勉貴近、振士風、結民心，凡數千言。上嘉納。亡何，給事中李侃等以災異入奏，謂賢前所陳皆忠實，宜留中以時省覽，上復命翰林繕寫，置左右焉。二年，擢兵部右侍郎，命察四川有司之不職者。及還，改户部。五年，復改吏部。

睿皇復辟，召賢兼翰林學士，入内閣參預機務，尋進吏部尚書，兼官如故。景皇崩，左右欲以汪后殉葬，上問賢，對曰：『景泰初，汪后即不得志，况二女皆幼，臣愚以爲宜厚遇之。』上憮然久之，曰：『卿言是，朕以弟婦且少，不宜存内，初不計其母子之命。』遂遣還舊府。是年，大同巡撫年富被逮，上召賢曰：『富何如？』賢曰：『能奉公革弊。』上曰：『此必石彪惡之耳。』命官往勘，果無實，富得免歸。山東大饑，雖出内帑銀三萬而不足。上召賢及徐有貞議，有貞持不可，曰：『散銀有弊，無益饑者。』賢曰：『天下事未嘗無弊，顧奉行何如耳。散銀有弊而不貸，是視民饑死而不拯也。因噎廢食，豈爲人上之理？』上以爲然，命增銀四萬兩，民賴全活者甚衆。

是時，太監曹吉祥、忠國公石亨以迎上復辟爲己功，竊弄威福，上漸不能堪，乃密語賢及有貞，宜協心輔朕。賢自念遭遇不偶，凡事一以至公處之，吉祥與亨滋不悦。及亨率兵西征，御史楊瑄劾吉祥與亨縱家人奪民田，上嘉其敢言，命吏部識名，將擢用之。亨還，與吉祥謀，此必賢及有貞所使，相與愬于上，賢等皆下詔獄。其日，風雷雨雹大作，損壞公署，亨等懼，言于上釋之，賢謫福建右參政，將行，而吏部尚書王翱適召對，語有間，上曰：『李賢與有貞雖同事，未嘗阿比。』翱因頓首，言賢淳謹，可大用。上頷之，留爲吏部左侍郎。逾月，奉天門災〔二〕，詔復尚書、學士，賢上疏懇辭，不允。二年，江西處士吴與弼以王宇、石亨輩薦，禮聘至京，上喜其來，問賢當授何官，賢對曰：『與弼老儒，以輔青宮爲宜。』遂授左春坊左諭德，與弼固辭不拜，賢復請遣行人送歸。

三年，上思建庶人久幽掖庭，欲赦之，左右以爲不可。召問賢，賢曰：『陛下此一念，太祖在天之靈實臨之，堯舜存心不過如此。』上意遂決，遣中官衛送居之鳳陽，出入自便。先是，景泰間，三年一度僧數萬，是歲如期來集，賢言于上曰：『此輩有損無益，宜後十年一度，爲著令。』

而吉祥好預國政，四方奏事者必先造其門，上覺，密謂賢曰：『奈何？』對曰：『自古人主權不可下移，若陛下每事自斷，則彼漸不敢預，而趨附之人亦自少矣。』上曰：『然，無此相礙，何事不順。』未幾，亨敗，家居，從子定遠侯彪謀出鎮大同，諷大同人薦己，上已廉其詐，會巡撫都御史王宇又劾彪恣肆無忌，上怒，並逮亨，置于法，因問迎復事，賢曰：『當時亦有要臣者，臣不敢從。』上怪問：『何也？』賢曰：『天位乃陛下所固有，若景泰不起，群臣表請復位，名正言順，何至以奪門爲功？「奪」之一字，何以示後？此輩實貪富貴，非爲社稷計。倘景泰先覺，亨等無足惜，不審陛下何以自解？然天下人心所歸向陛下者，以正統十數年間凡事節省，與民休息故耳。』上竦然大悟。四年春，詔以迎駕奪門冒功陞者凡四千人，悉褫職。是冬，賜甲第一區，賢懇辭，不允，遷居之日，上及皇太子皆有寵賚。

五年，虜寇涼州、莊浪，賢陳防戍五事，上納之，遣懷寧伯孫鏜率兵往禦。吉祥從子昭武伯欽殺人事覺，御史劾之，上雖見原，而下詔戒諭，欽懼，與吉祥養死士，謀不軌，因西師行，乘機入內爲亂，朝臣有憾者，輒戕害之，擊賢傷首及耳，且持賢謂曰：『某等迫于讒間，不得已爲此，請入疏以申救。』賢從容曰：『爾既殺讎償怨，能止戈反正，我當言之。』上得疏，乃知賢在，甚喜。既脱于難，上急召賢入，因手疏曰：『逆賊就擒，此非小變，宜詔天下，罷一切不急之務，且言自古治朝，未有不開言路，惟權奸欲塞之，以遂其非，由是陷于大惡而不悟，自石亨等排黜臺臣，言路閉塞，其流遂至此極。』上悉報可，以賢忠勤，加太子少保。是時，微有動摇國本之意，賢力諫不可，遂止。

六年九月，慈壽皇太后崩，孟冬，亨太廟適大喪禮未終，上問賢，對曰：『宜俟釋服後舉之，庶人情事理兩安。』上曰：『微卿言，幾舛于禮。』七年春，上以足疾不視朝，召賢曰：『大祀將至，而疾未愈，欲遣官代行，可乎？』賢曰：『亦至壇所，雖不能行禮，人心亦安。』上至齋宫，復召賢曰：『朕惟俯伏難于起身，欲令一人扶之，何如？』賢曰：『陛下能力疾行禮，尤見敬天之誠。』遂卒事而還。二月晦，夜聞空中有聲，明日，賢密疏曰：『傳言無形有聲，謂之鼓妖。上不恤民，則有此異。惟陛下憫念黎元，凡不便於民者，宜悉停罷，則災變可彌。』上覽既，即召賢曰：『此事正須先生言，先生不言，誰復言者？其具寬恤事條，密封以聞。』賢遂疏十事：一、清淹禁罪人；二、止銀場煎辦；三、停歲造紙劄；四、蠲被災糧税；五、弛芻粟徵誅；六、罷償損馬匹；七、飭邊臣撫恤兵民；八、命有司存恤流移；九、戒御史糾察貪吏；十、禁外官因事科斂。上曰：『朕諦觀之，皆實惠也，宜即詔天下。』賢又請罷織造、清詔獄、止各邊守臣進貢，已下番所，遣使臣停內外買辦采辦，上不從，賢執之數四，左右見賢力争，皆爲懼，賢曰：『古之大臣，知無不言，今雖不能盡然，至於利害繫國家安危者，豈可默然以苟禄位邪？』閏七月，上以母后胡氏因疾請閑尊號静慈仙師，非令典，欲上皇后尊謚，而左右不可，乃召問，賢贊之，且曰：『以臣之愚，陵寢享殿神主皆如奉先殿之式，庶幾稱陛下之明孝。不然，爲虚文矣。』上即命舉行。是時，錦衣衛指揮門達有寵于上，專理詔獄，兼緝事，道路洶洶，相視以目，賢乘間言於上，達銜之，會指揮袁彬爲其誣下獄，上命達訊之。達欲并傾賢，咻其人使誣賢，爲草奏狀，牽捕數十人，勢危甚，上令廷鞫，其人遂吐實曰：『此達所教也。』賢以事白，上疏力辭，上不允，曰：『此細故，無用介意。』

八年春正月，上不豫，久之，疾劇，命中官以遺詔示賢。十七日，上崩。後五日，純皇嗣位，有欲專致尊于生母者，賢上議曰：『天子新即位，四海顒望，凡事宜悉遵遺詔，庶幾順天理、服人心，不然，則兩宫同尊爲宜。』制曰可。於是尊皇后爲慈懿皇太后，貴妃爲皇太后。禮成，加少保。未幾，門達坐欺罔故殺諸罪被劾，謫戍嶺表，其黨以爲出賢意，乃爲匿名書，欲中之。賢不自安，懇乞退休，上不允。尋命知經筵及總修《睿皇實録》，有司請造鹵簿，已得旨，賢聞，亟入，言：『先朝所造車駕尚有未經御者，今恩詔方頒，百姓甦息未久，奈何復爲此？』上即寢其旨。內直將軍懇天順初因入直迎駕而陞，非冒功者，今一切褫職，非法意，上念其久于役，特復之，而以迎駕奪門陞者紛然奏懇，賢入言曰：『自石亨輩此舉之後，人以得富貴之易，貪利者惟幸有事，宜早治之。』上曰然，命兵部按其以迎駕奪門陞者，自太平侯張瑾、興濟伯楊宗以下，俱奪爵，由是懇者始息。賢復言少保于謙有定傾保大之功，爲有貞輩誣陷，詔復謙爵，釋其家屬，遣行人馬瓛祭其墓。

二年春，賢罹外艱，特命起復，賢屢辭不許，遣中使輔行襄事，即促上道。五月，賢至京師，入見，上慰勞有加，學士彭華以私謁賢不遂，乃嗾修撰羅倫論賢不終制，上怒，謫倫泉州市舶司提舉，賢復上疏乞歸，詔曰：『禮有經有權，朕特從權制用，卿若故違君命，豈得爲孝？卿當深念大義，勿恤微言，勉起就任，毋得再陳。』又命中官至賢第，道上意甚懇，乃供職。居未幾，感疾，浹旬不愈，上遣使臨問，賜尚食，及命醫日夕診視，報疾狀。是年十二月十四日，卒于賜第，年五十有九。上震悼，輟視朝一日，賜鈔一萬緡爲賻，贈特進光禄大夫、左柱國、太師，謚文達。所著有《古穰集》三十卷、《續集》二十卷，行於世。

論曰：睿皇之復辟也，旁求俊髦，布列三事，李公以特達見知，爰立作輔，言行計從，始終恩禮，雖馬周之遇太宗，不啻過也。當是時，吉祥、亨、彪以翊戴之功妄恣貪虐，覬覦神器，賴文達調停匡救其間，卒戡除大亂，坐臻太平，其功烈偉矣。晚節以起復蒙訾毁，余嘗竊議，文達亦有不能去者。受先帝顧命，當主少國疑之時，四上章請不許。於戲！義之所在，將安所之？論者弗度時宜，聞者又復附和，使公之志，遂不獲暴白。惜哉！

【校記】

〔一〕『奉天門災』，奉天門即今太和門，據《明英宗實録》卷二八〇、《明史》卷二九《五行志二》，天順元年七月承天門災。又明程敏政《篁墩程先生文集》卷四〇《李公行狀》亦作『承天門災』，則底本作『奉天門災』誤，當作『承天門災』。

## 羅綺

羅綺，字尚絅，磁州人也。宣德五年進士，授監察御史，遷大理少卿、刑部左侍郎。使虜庭還，時松潘蠻叛，董卜韓胡都指揮克羅俄監粲攻下雜谷，奪其安撫司印，土豪王永陷關堡，殺人取貨，都御史寇深不能治，上降璽書，命綺代之。綺雄偉，有謀能斷，出奇取捷，十不失一，開布恩信，臨以兵威，未期克羅俄監粲悔過獻印，擒永，族之。松潘皆山，巖業羅立，番得利即奔巖洞，匿木箐，深不可測。餉道出兩山間，絶艱險，民負載，僦五致一，群番伺隙出，輒掠去。綺曰：『不大威之不懲。』招募材武，得禪師智中、國師綽領、牌頭尤弄柯，皆豪健，各令統兵，夜銜枚，分道搗賊巢。綺亦介胄從之。火且攻破撲爬諸寨，擒劇賊卓勞、阿兒結十餘人戮之。綺志在招降，自是破剔體面，一切以簡易爲治，與接杯酒歡，番人畏慕，終綺任不敢叛。後召還，改副都御史，佐理院事。時忠國公亨、太監吉祥恃翊戴功竊弄威福，綺諷使十三道御史劾之。給事中王鉉潛詣以告，亨等怨於上，以綺主之，坐謫參政。無何，竟以是罷歸。綺博學多智，能屬文，然少繩檢，既還磁滏水西，作綠野堂，號煮詩道人，與鄉民王俊不相能，俊如京告綺怨望，前在松潘，受番人金暨器具，詔奪綺官，籍其家。

論曰：松潘，古蠻夷之地，漢武時始通中國，至我明，悉歸版籍矣。然夷情諼詐，叛服靡常。羅公治松潘，崇簡易，明恩威，待以不疑，故夷人畏伏，至今蜀士猶頌其功云。夫以羅公之智數，能服遠夷，而不能免於群小之口。《詩》曰：『讒人罔極。』可不畏哉！

## 王宇

王宇，字仲宏，祥符人也。幼穎悟絶人，永樂間異人張三丰見之，摩其頂曰：『此兒他日必貴顯。』稍長，受書於長史鄭義。正統三年舉鄉試第一，明年登進士，授南京户部主事，秩滿陞撫州知府。下車，首塞郡治小門而封鑰之，又實前守養魚塘以爲倉，商繻錢累萬，宇不取，悉屬之官。或題其壁曰：關節一毫無地入，公廉兩字有天知。居頃之，聞處士吴與弼甘貧樂道，足迹不至城府，宇薦於朝。後數年，上遣行人禮聘，語在《李賢傳》。金谿知縣劉綬貪虐，耆老群訴，宇即日白法司黜之。有黠吏挾奥援，盜庫金自若。宇廉知，竟寘之法。宜黄山中虎爲患，宇爲文告神，而虎乃遠徙。景泰初，金谿饑民聚衆掠富室錢穀，宇聞，單騎徑趨，擒其首，釋其群從。巡撫都御史韓雍薦宇治行第一。天順改元，擢山東右布政使。明年，進右副都御史，巡撫宣府。頃之，大同缺巡撫，復屬宇兼理之。時石亨與其侄彪驟遷崇爵，恃寵驕肆，而大同乃舊鎮之地，索取尤横，人不敢言。宇抗疏劾之，以爲大蠹大奸莫甚於此，乞正典刑，以銷外患。未幾，亨、彪果敗，上嘉宇忠直。會罹内艱，還，起復，改授大理寺卿。累疏乞終制，不許。宇在大理數年，精研獄情，平反甚衆。年四十七，卒於官。所著有《厚齋集》三卷。

論曰：余聞王公赴撫州時，所攜者朝祭燕居服一篋，律令數卷。比歸，不增一物。其在大同，方上疏劾忠國公亨，其家子姓環泣請止，以爲疏入禍不可測，公第笑不應。於戲！若人豈富貴死生能動之乎？使假以歲年，竟所施設，其功業曷可量哉！

## 趙敏

趙敏，字子聰，汝陽人也。大父好德，洪武間官至吏部尚書，嘗召與四輔官內黄何顯周等内殿坐論治道，上悦，命畫工圖其像，又賜衣一襲及誥命，以示褒異。父毅，永樂初以薦授工科都給事中，累遷工部右侍郎兼詹事府少詹事，奉使交阯，卒於途。敏少英毅，善屬文，復工書翰，同儕皆以爲弗及。年二十餘舉於鄉，授兵部主事。正統九年，夷酋思仁據麓川以叛，上遣兵部尚書王驥率京營及四省軍往征，敏預參謀，事寧，轉吏部郎中。十四年秋，也先入寇，中人王振勸上親征，敏白吏部尚書王直率百官諫止，不聽，敏遂扈從出居庸關。八月十四日，師次宣府，虜報踵至，兵部尚書鄺埜請疾驅入關，而嚴兵爲殿，不報。明日次土木，營中無水，士馬皆饑渴，埜請戰又不許。會日暮，風沙起，虜四面集，矢下如雨，須臾，師覆，及風止，不知車駕所在，衆欲歸，敏曰：『昔嵇紹蕩陰之事，諸君獨不聞邪？君有難，臣當誓死以赴。』乃易服躍馬而北，陷於陣死焉。景泰元年，贈敏奉直大夫，蔭子遵爲國子生。

論曰：初，睿皇北征，子聰以爲不可，何其明也。及遇土木之難，挺身而死，又何其勇也。既明且勇，假令統六師，秉鈞軸，其殲醜虜、揚國威無難者，然名位卑微，竟死弗濟，悲夫！悲夫！

## 李敏

李敏，字公勉，襄城人也。景泰五年進士，授監察御史，明習律法，有名稱。嘗按畿内，力革宿弊，以運餉薊州者必由海口，多遭覆溺，敏建議別鑿三河，直抵薊州，以避海道，軍民便之。成化初，陞浙江按察使，尋以憂去，免喪授徒，講析經學，寒暑無間。逾年，拜左副都御史，巡撫大同〔二〕。先是，虜侯守墩軍下取水，輒肆戕害。敏至，伏擒之，自是虜不敢犯。又上禦戎數事，進兵部右侍郎。已而卧病，爲言者所論，遂乞歸。久之，起爲右副都御史，巡撫保定。改總督漕運，召爲户部尚書，遇事不避，有貴戚怙勢者乞畿内入官隙地，已有旨許，敏執奏而止，其餘建白亦多中事理，上甚重之。復以疾乞歸，特命官屬一人護行，卒于内黄，年六十七，贈太子少保，謚恭靖。

論曰：余聞李恭靖公當成化初讀禮之暇，屏居紫雲山中，生徒雲從，簦笈至不能容，於是遂建書院，取程、朱、許、薛四子之書立爲條約，乃日與諸生講習勵勉，期在躬行，故久之，襄許之間，彬彬然多德藝之士矣。

【校記】

〔一〕『拜左副都御史，巡撫大同』，據《明史》卷一八五《李敏傳》云：『十三年擢右副都御史，巡撫大同。敵騎出没塞下，掩殺守墩軍，敏伏壯士突擒之。修治垣塹，敵不敢犯。十五年召爲兵部右侍郎。逾四年，病歸。河南大饑，條上救荒數事。詔以左副都御史巡撫保定諸府。』可知李敏巡撫大同時爲右副都御史，巡撫保定諸府時爲左副都御史。底本誤。

## 李和

李和，字本中，安陽人也。天順元年進士，授吏科給事中。嘗論事忤旨，廷杖幾死。遷都給事中、通政司參議、右通政。每居一官，積年不徙。成化末，李孜省以左道進，而大臣兢樹黨，中官梁方等用事，最後萬安有寵，士大夫躁進者各擇所從，朝合夕遷，静正淹滯。卿有齊某者，閔和久次，謂曰：『公常恬如，將俟河清邪？今諸貴人亦素敬愛公，持二帕贄造，請食頃耳，而卿佐可得。時乎！時乎！可隨而不可與之翻也。』和謝曰：『吾譬之婺，黑髮守節，皓首乃求聘乎？』退謂所親曰：『吾見附人者，有害亡利。』無何，有郎中素結倡優進，欲爲通政。乃傳旨遷和爲南京户部右侍郎，以彼代和。至户部，六閲月而卒。和豐貌恢度，雖倉卒言，色罔躁，喜愠莫顯，然内含獨朗，事低昂及人賢不肖不失分寸。父光道得痿疾彌年，和自奉養，躬上溺器，久益虔，儉薄不計生産。與李賢、耿九疇相友善，二公皆謂和量如韓忠獻云。

論曰：吾聞李公立朝三十年，始遷卿佐，泊然無所干請。蓋其性不兢不激，含蓄光景如澄淵亡波，珠玉自瑩，文達、清惠之稱，豈虚語哉！

# 卷之九

馬文升　黄紱　李堅　徐憲　朱謙子永　李震

## 馬文升

馬文升，字負圖，鈞州人也。生而穎異，七歲讀書，日記數百言，弱冠補郡學生，懷遠年富來使河南，試其文，大奇之。景泰二年舉進士，授監察御史。兩按山西、湖廣〔一〕，風紀肅清。天順七年，遷福建按察使，鎮守中官擾民，輒繩以法。明年，以家艱歸。

成化四年，石城土夷滿四反，起爲右副都御史巡撫陝西，與都御史項忠會兵討之。事寧，進左副都御史。時漢中李鬍子、潼關火蝎兒、滿城王彪復聚衆劫殺，文升悉剪除之。八年，虜寇臨鞏，文升督兵追之黑水口，擒平章鐵烈孫〔二〕，斬首數千〔三〕，遂陳時政十五事及禦戎三策。尋命節制三邊。九年秋，虜寇固原及好水川，檄諸路兵按伏湯羊嶺，虜至伏發，盡弃輜重遁走，斬俘二百餘人，因改其嶺爲得勝坡云。十年春，岷州番賊殺巡邊官軍，文升調洮、河等衛精騎五千營於栗林族之東，令密察之，殺官軍者乃多納族番人七力等，此族據高險之地，進兵爲難。頃之，又諜得七力等時與栗林族議事，文升乃夜伏兵於細草灘，擒斬之。栗林族懼，率數百人詣軍門降。文升嚴兵示威，諭以利害，且造給號牌，凡詣岷州貿易者，賫以爲信，無牌即盜，許擒之。自是西鄙遂寧。

十一年冬，拜兵部右侍郎，復命往備遼東。文升製五花營八陣圖，以訓士卒，復上禦邊十五事。十三年，遷左侍郎。明年，建州女直叛，巡撫都御史陳鉞欲誘殺進貢夷屬，以掩己罪，命文升再往。時太監汪直巡邊，陰主鉞議，邀文升偕行，弗聽，先馳赴其地，招撫黑鎖忒等二百餘人。比直至，虜已解散，無所獲，深銜之。而陳鉞者，戎裝郊迎，除道設供帳甚備，見直叩頭。文升獨與抗禮，鉞復厚賂直以傾文升，直還奏文升不與虜農器以啓邊釁，而言官復劾鉞激變事情。詔刑部尚書林聰同直往戡，聰如直言，遂逮文升，下錦衣衛獄。文升言實禁兵器，非農器也，竟謫戍重慶。直敗，詔復文升官。

二十年，起爲左副都御史，復巡遼東。未幾，遷右都御史總督漕運，兼巡撫鳳陽等處。是歲秋旱，文升曰：『來歲必饑。』乃預奏借蘇、常二府糧二十萬石，船料銀十萬兩，并免一切買辦。至春果饑，文升賑捄，賴全活者甚衆。〔四〕冬十一月，召還，進兵部尚書。明年，以李孜省譖，改南京。

敬皇即位，復改左都御史，掌院事。上耕藉田，文升與行九推禮，時教坊司以雜劇承應，或出狎語，文升厲色曰：『新天子當知稼穡艱難，豈宜以此瀆亂宸聽耶？』即斥去之。二御史以糾儀下獄，文升言即位之初，不宜輒罪言官，遂釋之。

弘治二年春，復改兵部尚書兼提督團營，尋命文升同太監常泰察京營軍馬，黜把總不職者數十人。秋，京師大水，文升應詔條陳當改正不便十餘事，奸人怨之愈深，夜有書危言於矢筈，射於東長安門內。門者以聞，文升辭免提督，上不許，命官校緝訪，仍撥官軍十二人護其出入。

三年，安南遣使賀即位，占城亦入貢。先是，安南侵據占城五州地，占城入愬，詔責還侵地，安南詞不服。文升言：『安南去國萬里，文移往返不足攝其心，請因來使，面諭以朝廷恩威利害，使彼歸國，庶知畏憚。』已而，安南果還其地。

五年，加太子太保。六年，蘇、松諸處歲凶，有司奏招人入粟，授以指揮、千百户職名，文升謂軍職爵賞，專待有功，豈可輕授？使武臣解體。奏入，遂罷。十年，進光禄大夫、柱國。十一年春，皇太子出閣，加少保，兼太子太傅。文升上疏曰：『太子，天下之本，宜擇老成純謹之士，以資啓沃，不宜雜以浮薄，恐虧損盛德。』上欣納焉。

虜酋火篩寇大同、威遠，京師戒嚴。上親洒宸翰，賜以尚膳，召文升至便殿，咨戰守之策，因舉保國公朱暉等練兵以待，且令各邊謹斥堠，修戰具，虜知有備，遁去。十二年，復哈密，立陝巴爲忠順王。初，忠順爲吐魯番酋鎖檀阿力所擒，併奪其王母、金印，鎖檀死，其子阿黑麻以金印來歸，守臣以聞。文升爲請元之遺孽陝巴襲封忠順王，以主哈密。未幾，阿黑麻復虜陝巴及金印以去。文升忿其敢輕中國，請以阿黑麻所遣入貢，寫亦滿速兒等四十餘人皆安置閩廣，閉關絶貢，以孤其勢。而阿黑麻復遣牙蘭據哈密，文升請敕甘肅巡撫、總兵統番漢兵襲牙蘭。牙蘭遁走，追馘六十餘人。阿黑麻遣使謝罪入貢，併以陝巴、金印來歸，遂復哈密。

十四年冬，轉吏部尚書，召至暖閣，面諭曰：『明年，天下諸司朝覲，卿務用心訪察，大彰黜陟之典。』文升對曰：『聖心求治如此，宗社之福。臣敢不盡心以圖報稱。』仍命中官扶文升下階。十八年，考察大朝官員，汰去不職者二千餘人，人無異議。時雲南猛密叛木邦，事久不平，參政毛科者，素輕脱，以平猛密自任，或言須孟養兵乃可，科遂檄兵思禄。思禄輕科，欲不與，則憤猛密叛木邦，與之，則見弱，乃以羸兵數千應科，攻猛密。猛密嘆曰：『毛官人欲以孟養殺我，我姑以一命充之。』遂介馬來衝，孟養兵原無鬥志，大敗，猛密設伏邀擊，殲什七八，科僅以身免。思禄大怒，乃率兵攻猛密，取蠻莫等十七寨。都御史金獻民累遣撫諭，不從，遂請兵征之，下廷議。文升曰：『彼夷未嘗侵我邊疆，不可遽加叛逆之名，宜降旨諭以利害。』思禄得旨甚恐，遂遣人奏，言絶域小醜，本無叛情，第爲鄰惡詿誤，以干天法，願入蠻莫等十七寨贖罪，得比米魯，乞以一子爲土官，復宣慰如故。上悦，加文升少師兼太子太師。

正德改元，太監王瑞以大昏禮，欲用儒士七人篆刻番字，文升不從，瑞慚憤，誣文升抗拒，賴大臣力救得白。會兩廣缺總制，文升推侍郎熊繡，繡不欲行，以此怨，乃嗾同鄉御史何天衢劾文升，文升懇請求去。疏屢上始允，仍賜璽書，歲給輿夫月米，以示褒異。及逆瑾擅政，坐嘗舉雍、泰除名，瑾敗，復職，命未下而卒，年八十五，贈特進光禄大夫、太傅兼太子太傅，謚端肅。今上即位，加贈左柱國、太師兼太子太師。所著有《西征石城》《撫安東夷》《興復哈密》三記及奏議若干卷。

論曰：端肅公歷事五朝，逾六十年，勳業節行，夷夏著聞。平居訥焉如愚，至於值事變、臨利害，屹如山嶽，不可撼摇，真社稷之臣。雖屢遭顛躓，而無所貶屈，求之古人，其范希文、韓稚圭之徒歟！

【校記】

〔一〕『兩按山西、湖廣』，《明史》卷一八二《馬文升傳》作『歷按山西、湖廣』，《國朝獻徵録》卷二四所録王世貞《史部尚書馬公文升傳》云『出按山西，再按湖廣』。據此，『兩按』當作『歷按』。

〔二〕『鐵烈孫』，《明武宗實録》卷六四、《明史》本傳、《國朝獻徵録》卷二四等均作『迭烈孫』。

〔三〕『斬首數千』，《明史》本傳作『斬首二百』，《國朝獻徵録》卷二四作『斬首積級至二百餘』。

〔四〕『乃預奏借蘇、常二府糧二十萬石，船料銀十萬兩，並免一切買辦。至春果饑，文升賑捄，賴全活者甚衆』，《國朝獻徵録》卷二四所載與底本大致相同，《明史》本傳云：『淮、徐、和饑，移江南糧十萬石、鹽價銀五萬兩振之。』

## 黄紱

黄紱，字用章，封丘人也〔一〕。生之夜，其母夢老人抱嬰兒，曰：『送蹇尚書爲汝子。』長依舅氏張生學《春秋》。正統十三年登進士，除行人，遷南京刑部員外郎〔二〕、郎中。紱廉峻執直，遇事飆發，即重忤時貴弗計。江左有譚千户者，大猾也，善歡顯貴人，嘗奪民蘆場。屢勘，人無敢爲民直者，紱直之，竟歸之民。

亡何，出爲四川參議，督松、茂諸倉，兼飭兵備，釐革宿弊，擒豪富數百人，邊賴以寧。轉本司參政，如崇慶，旋風擁輿不得行，紱曰：『汝冤氣邪？姑散，予圖之。』至州，齋沐禱夢。翌日，清其囚，無驗，乃禱諸城隍，夜果夢，若有神言州西寺者。寺去州西四十里，在山谷間。紱旦起，率吏卒往詣，圍捕之。有僧少而惡，詰之無牒，使醋堊塗其額，曬洗之，則有巾痕，乃鞫訊之，遂盡暴其奸云。寺後有巨塘，凡投宿人則殺之沉塘中，衆分其財，有妻女則分其妻女。又攢典李節陽，王親也，侵盗官糧，以鉅萬計，王爲之窟。紱按之，悉如法。

轉江西右布政使，奏閉建昌銀礦，許之。大盗周主簿者，哨衆鈔掠，紱以計平之。紱謂盗起于煩苛，宜少寬養，而閹官以方貢横斂，不從，擠移湖廣左使。時兩京工興，徵銀二萬，例取之民。紱以庫積羡餘充之。又勢家逼索馬快船債，荆王奏徙墳冢，紱悉不從，省費巨萬。又錮僧繼曉，聲稱益著。初，繼曉之來也，勢焰灼人，紱謂諸僚曰：『曉以妖術媚上，遂奸眠食。今稱掃墓而歸，實逃生耳。』乃令武昌府錮之後堂，陽尊禮之，居無幾，曉果敗，檻送京師誅之。紱在蜀，嘗忤閹臣，萬安銜之。三年六推咸抑，紱知之，乃亦連疏乞罷，不許。已乃有巡撫延綏之命，首劾參將郭鏞，都指揮鄭印、李鐸、王琮等，咸抵於法。又計捕豪奸張綱，乃於是拔才能、察幽隱、問疾苦、飭廢墜、申號令、修器械、嚴警邏、節候望，邊政爲新。紱見飲馬婦，僅以片布蒙其下體，曰：『嗟乎！士之貧至此，乃驅之戰守邪？』於是令豫支米三月。會詔毁庵寺，紱使汰尼，解軍門給配鰥士，人人大悦，無不願爲之死者。及紱進南京户部尚書，行之日，尼有携子女拜送路傍者，紱既官六曹，益無所顧避，威稜截然。

特旨改左都御史，尚書仍舊。紱自以歷仕中外，凡五十年〔三〕，戇直崖異，忤人獲名，伏禍難測，又盛滿宜戒，乃引年乞歸，卒年七十有一。

論曰：余聞黃公之掌院事，視地闊狹，量能委之，火其差簿於庭，曰：『事貴得人，資勞久近，豈立官之意哉？』當是時，莫敢有毀之者矣。今則不然，稍不循資，而言者籍籍，豈其時殊邪？抑爲政在人邪？

【校記】

〔一〕『封丘人』，《明孝宗實録》卷七九同底本，《明史》卷一八五《黃紱傳》云：『其先封丘人。曾祖徙平越，遂家焉。』明王世貞《弇山堂別集》卷四八《南京户部尚書》云：『貴州平越衛籍，河南封丘人。』明李夢陽《空同集》卷四七《尚書黃公傳》云：『封丘人也……其先洛人，高祖克讓始徙封丘。克讓生思豫，思豫生秀，秀生中，中生黃公。初高皇帝兵起，思豫掌太常事，以罪編氓沅州，已又軍平越衛。於是平越、沅州、封丘、洛皆有黃氏。乃後，秀商金陵，死；中收其貲，商重慶，娶於張，生公重慶，於是重慶亦有黃。』《國榷》卷四二云：『先封丘人，戍平越衛。』按，李夢陽之説詳盡，且其與黃氏家族頗有交集，當以其説爲是。

〔二〕『員外郎』，原作『員外』，據《尚書黃公傳》補『郎』字。

〔三〕『凡五十年』，《尚書黃公傳》同底本，《明史》本傳作『四十餘年』。黃紱爲正統十三年（一四四八）進士，卒年爲弘治六年（一四九三），前後四十五年，底本誤。

## 李堅

李堅，字景義，唐縣人也。正統十三年進士，改翰林庶吉士。景泰初，拜南京監察御史，精研律令，聽斷明決，臨事毅然自任，一時豪貴斂迹。三年六月，長洲饑民許道師等竊掠富室之粟，時吏部尚書王文賑濟江南，欲彰大己功，奏道師等謀逆，詞連數百人，檻送京師。事下法司會鞫。堅乃上章辯其誣，詔誅罪首數人，餘置不問，賴而生全者甚衆。未幾，上購翠羽於南中，遠邇騷繹，堅復上疏請止。上嘉納。四年，坐事謫典史，尋擢桐廬知縣，值歲凶，堅捐俸以食餓者，又建義倉、設鄉社，諸廢俱舉，威惠並行。少保姚夔謂堅爲江南循吏第一。會入覲，卒於道。

## 徐憲

徐憲，字振綱，安陽人也。成化十四年進士，授松江推官。松江，天下稱饒，而民習頗狡，憲以約己推誠爲治，民稱曰徐青天。有盜牛者，以火刀更其角，莫辯也。憲令縱牛入野，牛奔主家闌中，乃治盜罪。已而，拜監察御史，出按甘肅。番貢獅子，憲令守關者勿納，上疏言獅子異物，受之則夷生玩心，况日食羊牛，百夫守之邪？昔武王受獒，召公戒之曰：『不矜細行，終累大德。』

往者夷貢獅子，受之，故敢再貢，彼蓋窺我好尚矣。却之便。時例杖贖頗重，憲奏流之罪三，贖米四十石而止，雜犯死罪不逾五十石，今增贖杖法則，三年者，米至四十五石矣。是雖輕於死，而實重於流也。疏上，憲以親老，謝病歸。卒年五十一。

論曰：余聞景泰間，康定帝求翠羽甚急，無敢有言者。李公堅上疏諫止。成化間，番貢獅子，徐公憲謂不可受，語皆切直，可謂無忝厥職矣。《書》曰：『不役耳目，百度惟貞。』其二公之志乎！

## 朱謙 子永

朱謙者，夏邑人也。初爲鳳陽留守、左衛指揮僉事，累從北伐，以功擢萬全都司都指揮使，尋遷都督僉事兼右參將，仍守其地。時萬全城圮，虜每至，人心震恐。謙修築，是爲新城，邊人至今賴之。正統四年，謙用薦充總兵官，鎮守宣府，會虜入寇，斬獲渠魁以下千餘級，久之，虜不敢犯。景泰初，論功封撫寧伯。未幾，也先欲奉上皇南還，舉朝以爲詐，不從，獨謙上書懇請，景皇持不敢發，召諸大臣問，吏部尚書王直亦以迎復爲對，上不懌，曰：『當時大位是卿等强朕爲之，今將置朕何地？』少保于謙對曰：『大位已定，孰敢異心？但欲遣使答禮，少紓邊患耳。』上意始

釋，曰：『從汝！從汝！』乃遣李實、羅綺奉敕迎復，語在《北使録》中。明年二月，謙薨，進封爲侯，謚武襄。〔一〕

永字景昌，謙之長子。少警敏，嗣爵。初，景皇命掌後府左都督事。天順八年，總理神機營兼管三千營。成化二年〔二〕，逆寇劉通、苗龍等竊拒荆襄〔三〕，僭稱尊號，屢征不克。上怒，以永充總兵官，同工部尚書白圭，都御史王恕、王儉，都督李震、鮑政、喜信，太監唐慎，少監林貴，都指揮王信、劉清、田廣率兵往討。是年三月至南漳，詢之土人，謂賊之巢穴在萬山中，豆沙河之境，於是決策深入。時永以疾暫留控扼，圭、慎、震、儉自南漳進兵，貴、政自遠安進兵，信、信自房縣進兵，恕、清自穀城進兵，賊見我師寖逼，通徙壽陽，欲出陝西，龍徙大市，欲出遠安，永等調兵趨壽陽，截其奔路，通乃退保大市，與龍兵合。閏三月二十二日，廣進至雁坪，遇賊擊之，追至古路山。明日，廣與諸軍皆會進攻，斬賊首劉聰及僞都司苗虎等百餘人，追至格夔山，賊將家屬退保後巖山。二十四日，賊據險懸架輥木礧石，各執槍牌器械以抗我師。永、震等攻其右，信、信等擊其左，政等衝其中，清等襲其後，四面夾攻，賊下木石如雨，永等往來督戰，士卒争奮，攀崖涉澗，蟻附而登，鏖戰累日，呼聲震山谷，賊遂大敗，擒通等二千五百七十餘人，斬首二千五百六十餘級，俘獲賊屬子女萬一千六百有奇，招撫脅從流移萬八千五百有奇。南土既寧，上降敕褒諭，永進爵爲侯，圭等陞賞有差。十四年，加永太子太保。明年八月，復命剿平建州逆寇，破其營五百餘所，焚廬舍二千餘楹，獲牛馬器械無算。捷奏，進永保國公，累加太師兼太子太師。弘治九年二月薨，追封宣平王，謚武毅。子暉嗣。暉薨，子麒嗣，坐劾降爲侯。麒薨，子岳嗣。

【校記】

〔一〕『明年二月，謙薨，進封爲侯，謚武襄』，據《明史》卷一〇七《功臣世表三》、《國朝獻徵録》卷七《撫寧侯朱謙傳》，朱謙卒於景泰二年，進封爲侯在天順元年，謚武襄在成化五年。底本表述不準確。

〔二〕『成化二年』，明徐溥《徐文靖公謙齋文録》卷四《保國朱公追封宣平王謚武毅神道碑銘》作『成化丙戌』，即『成化二年』，同底本；《明史》卷一七三作『成化元年』。

〔三〕『拒』，當作『據』。

## 李震

李震者，南陽人，左府都督僉事謙之子也。正統五年初，襲指揮使。九年，征兀良哈，以功擢都指揮僉事。已從王驥征雲南麓川，事平，陞都指揮同知。景泰間，以參將平沅州、麻陽、天柱、江東、靖州、邛水、橫坡、平州諸處逆寇，斬俘記隆、陳添仔及僞稱苗王韋同烈等一萬四千餘人，累遷都督僉事。天順四年，充總兵，鎮守武岡州。是年，擒僞稱太宗妖賊李天保〔一〕。五年，復平西延、連山、道州諸寇，斬馘八千六百有奇。成化七年，擢右都督，同都御史項忠撫捕荆襄流民，事竟，乃上疏曰：『荆襄地連河南、川、陜，延蔓數千里，山深地廣，易爲屯聚，自洪武初命中國公鄧愈誅夷之後，禁革山場，無人敢入。永樂以來，流移之衆歲集月聚，巢穴其中，無慮百萬。今臣奉敕撫捕，其有貫址姓氏者謹依詔旨，省諭出山復業，陸續共得九十三萬八千餘人。其餘混處賊巢、無籍檢察、四散奔走者，又莫知其數。其内小王洪有衆五百，屯於均州龍潭溝。李鬍子有衆六百，屯於竹山官渡。已令官軍分道首擒二賊，餘多散亡，及諸軍前後共斬首千餘級，并入山俘獲脅附之黨二萬八千七百餘人，充戍湖廣各衛，計可得軍五千，并其族屬，附籍收管，給田屯種，庶恩威並濟，反側可安矣。』奏入，上嘉悦，震進左都督。十二年，以平清水江逆寇功，封興寧伯，食禄一千石。明年，汪直用事，信任錦衣衛千户吴綬，綬兄參將經與震有隙，乃奏震嘗私遺項忠造室侵地，下錦衣獄，拷掠備至，震遂誣服，革爵〔二〕，徙居南京。二十年，召還，復其爵，仍命閑住。震鬱鬱不樂，竟以病終。

論曰：明興，自開國靖難而後，獲封邑者歷歷可數也。撫寧謙及子永乘時策勳，世享茅土，何其盛也。謂之遭際非邪！若震結髪從征，身經大小數百戰，斬捕黠虜，前後二萬五千餘級，其功不在謙、永之下，以牾權閹，羅織細事，竟以憂死。豈非命哉！悲夫！

【校記】

〔一〕『僞稱太宗妖賊李天保』，《明史》卷一六六《李震傳》作『僞稱唐太宗後李添保』。『李天保』，《明英宗實録》卷三一九亦作『李添保』。

〔二〕李震革爵時間，《明憲宗實録》卷一六七同底本，即『成化十三年』；《明史》卷一〇七《功臣世表三》、《弇山堂别集》卷三七作『成化十四年』。

# 卷之十

劉健　許進　王繼　丘陵　高魁　胡瀛

## 劉健

劉健，字希賢，洛陽人也。父亮，華州司訓。母白氏感異夢而生〔一〕，骨相瑰偉，亮大奇之。稍長，嗜學，無間晝夜。嘗與洛中閻禹錫論學，禹錫改容禮之，謂鄉人曰：『伊洛淵源，且有人矣。』

天順四年舉進士，改庶吉士，授翰林編修。成化初，預修《睿皇實録》成，遷修撰。是時，有薦健出督學政者，健筮之，得咸之九五爻辭曰：『咸其脢無悔。』健曰：『此周公教我也。』不果行。脢庵之號，蓋取諸此。秩滿，陞右春坊右諭德。明年，修《續資治通鑑綱目》成，進右庶子〔二〕。又十年，轉詹事府少詹事。

敬皇即位，陞禮部右侍郎兼翰林學士，入内閣參預機務。元年春，修《純皇實録》，以健爲副總裁。二月，上御經筵，命同知經筵事。四年，《實録》成，進禮部尚書兼文淵閣大學士。七年，加太子太保、武英殿大學士，尚書如故。再逾年，修《會典》，以健爲總裁。十一年，皇太子出閣，加少傅兼太子太傅，提調各官講讀。十月甲戌，清寧宮災，健疏時政缺失，且引咎乞歸，不許。明年春，國子生江瑢應詔上書，意指輔臣不能盡職，以致災異疊見，言頗激切。上怒，命錦衣衛逮瑢究問，健約同事者論救，獲免。

十三年夏，上御平臺，召健議諸營提督官，欲留英國公懋、保國公暉、惠安伯偉，罷成山伯鏞、寧晋伯福。問健何如，對曰：『誠如聖鑒。』又問鎮遠侯溥、新寧伯祐何如，健曰：『溥宜督五軍營。祐宜督神機營。其人雖不如溥，然在營久，以張偉副尤便。』上皆從之。

十五年冬，《會典》成，賜宴禮部，加少師兼太子太師、吏部尚書、華蓋殿大學士。逾年二月，賜健大紅蟒衣一襲。五月，歷從一品九年滿，加特進，賜敕獎諭。十七年三月壬戌朔，周太后崩。丙子，上召健，與之議且示之圖，欲啓裕陵以孝莊合葬而復祔之廟，蓋是時左右有欲請二后並者，上曰：『一帝一后，禮也。大行之恩雖深，然孝莊皇祖后也，能私之乎？』復曰：『奉先之祭，英廟一座而已。』又曰：『孝穆，朕生母也。別祠于奉慈。今仁壽殿可以事大行，他日則奉孝穆于後殿，時享之禮，如太廟焉，敢闕之乎？』健力贊之，乃决，遂别建廟于奉先之西偏，祠孝肅焉。而以西室居孝穆，君子謂兹役於是得禮矣。

十八年五月，上忽不豫，越數日，大漸，召健至寢殿御榻前，與謝遷、李東陽同受顧命，握手諄諄，至歔欷不能語。及毅皇嗣位，加左柱國。健贊上耕藉田，幸太學，御經筵，百度肅然，期於正始，以承弘治之盛。而内侍劉瑾、馬永成、高鳳、羅祥、魏彬、丘聚、谷大用、張永等日導上盤游，健率同官屢疏奏劾，不報，而八閹者專恣益甚。於是户部尚書韓文約諸大臣進諫，上下其議，諸閹業已窘，相對涕泣。會焦芳潛詣瑾，告其故，瑾訴於上，曰：『閣部同謀設陷者，是王岳、范榮主之耳。』上怒，遂收王岳、范榮，召瑾入掌司禮監，勒令健等致仕。初，疏下閣議時，健椎案泣，遷亦亹亹訾訾罔休，而東陽不言，以故得獨留云。健既去位，瑾猶銜之，尋以他事，矯旨落職。瑾誅，詔復其官。

今上嗣位，欲召用，而健老不能行，乃降詔存問。明年，復遣撫臣就其第致束帛、餼羊、上尊，蔭孫成學爲中書舍人。嘉靖五年十二月六日卒〔三〕，年九十四，贈太師，謚文靖。

論曰：余聞劉文靖公當國，正色率下，凡諸僚屬謁私第者，不交一言。及入朝，事關大義，累千言不已。平臺暖閣之對，無少隱避。遭值明聖，多所采納。又薦劉忠宣公大夏、馬端肅公文升、戴恭簡公珊、周文端公經、王端毅公恕、韓忠定公文諸公，分布六曹，有大政，文靖必造膝面請裁决，以故敬皇臨御十有八年，夷夏清寧，民物富庶，雖唐之貞觀、宋之慶曆，不啻過也。正德初，自公去位，邪倖引用，法紀廢隳，海内困窮，盜賊蜂起。《傳》曰：『邦之榮懷，繫於所任一人之是。邦之杌隉，繫於所任一人之非。』今以文靖觀之，詎不信哉！

【校記】

〔一〕『母白氏感異夢而生』，《國朝獻徵録》卷一四所録賈咏《劉公健墓誌銘》云：『張夫人夢天使捧紫衣玉帶入中堂，驚晤，公乃生，白夫人出也。』按，張夫人爲劉健之父原配；白夫人爲次，乃劉健生母。

〔二〕『進右庶子』，明何喬遠《皇明文徵》卷七〇所録楊一清《劉公神道碑銘》作『遷左春坊左庶子』。

〔三〕『嘉靖五年十二月六日卒』，《明史》卷一八一《劉健傳》作『嘉靖五年卒』，《劉公神道碑銘》作『嘉靖丙戌（五年）十一月六日以疾卒於家』，《劉公健墓誌銘》同《劉公神道碑銘》。《明世宗實録》卷七四、《國榷》卷五三、《明通鑑》卷五三等均作『嘉靖六年三月卒』。楊一清、賈咏曾與劉健同朝爲官，墓誌、碑銘乃應劉健之孫所請而作，更爲可信。底本作『十二月』蓋因傳寫致訛。劉健於嘉靖五年冬卒於家，古代交通不便，地方官上報遷延時日，或是《明世宗實録》作『嘉靖六年三月卒』之原因。而《國榷》《明通鑑》等所據顯然爲《明世宗實録》。

## 許進

許進，字季升，靈寶人也。甫十歲，通《小戴記》，遂以是經登成化二年進士，擢監察御史，出按甘肅、山東，所至持風裁，官吏豪右不法，多自按問，不下所司，墨吏皆望風解印。十四年，都御史陳鉞諂附太監汪直，妄殺建州夷人，啓釁遼東，爲御史强珍所劾，直反誣奏珍，逮下獄，進論救，且言直罪狀，詔奪俸三月，珍謫戍遼東。湖廣總兵李經，有道士以黄白術干之，不用，怨經，乃誣首經不軌事於直，直奏逮經百口，下錦衣衛獄，獄已成。純皇恐冤之，命法司復審，衆皆惴避，進具狀以聞，即日詔誅道士于市，且戒直緝事者勿再妄緝。直愈怒，日令邏卒偵於門，無所得，後竟以章疏字訛奏進，杖午門下幾死。

十八年，滿三考遷山東按察副使。明年，監試有欲私貴臣子者，執不從。東昌一武官子懷金與儒生飲酒，是夜被殺，且匿其首，有司疑生，嚴訊誣服，進察生弗類凶人，私計必酒家所爲，貧人得金，必易物。乃遍閲商曆，酒家以殺人之翼日買布數匹〔一〕，鞫之，遂伏辜，而得其首於空桑中。亡何，坐高謹事逮赴詔獄。敬皇即位，赦出，遷廣西按察使。

弘治初，擢右僉都御史，巡撫大同，上備邊八事：一曰恤邊軍，二曰寬邊民，三曰專主守，四曰均輸納，五曰復軍糧，六曰便接遞，七曰去無益，八曰革冗官。武邑王聰沐不法，奏降爲庶人。又劾鎮守中官石巖，巖誣進擅用旗幟，降知兗州府。

七年，遷陝西按察使。明年，虜寇甘凉，拜左僉都御史〔二〕，巡撫甘肅。初，文皇招降哈密，封脱脱爲忠順王，羈縻番屬，捍禦西戎。後與吐魯番爲讎，其酋阿黑麻遣將牙蘭襲據其城，阻塞諸番貢路，兵部檄進伐之。進曰：『以夷攻夷，古之良策。』乃遣辯士説罕東、赤斤、小列秃、野乜克里等〔三〕，既許之，進乃與總兵彭清率所部及諸番兵乘夜大雪〔四〕，攻哈密故城，克之，斬吐魯番數百級。牙蘭遁走，城中人從亂者僅千人，或請盡屠之，以徼封侯之賞，進不可，曰：『得城無人，城誰與守邪？』乃請復哈密，語在《馬文升傳》。九年，進右副都御史，巡撫陝西，陳八事。明年，召爲户部右侍郎。時太原周經爲尚書，協恭合力，大釐國計。刑部主事鄭岳被逮，進上疏申救。彗見，復上修省數事。會推大臣，或不協與議，即正言，人以爲侵官，進曰：『古之大臣，知無不言，今疏曰會議，而乃默默耶？』十三年，火篩寇宣大，命兼左僉都御史，提督諸軍事。時平江伯陳鋭出師無功，進坐累免官，其後群臣薦疏屢上。

毅皇即位，起爲兵部右侍郎〔五〕，提督團營。未幾，進尚書，乃上疏請勤聖學、戒遊逸。改吏部尚書，加太子少保。逆瑾擅政，嫉進多違異，乃以署員外郎、再署郎中者爲非制，矯旨令致仕。又以進嘗薦雍、泰爲謬，削爵爲民。無何，進感疾卒，年七十有四。及瑾誅，詔復官，贈太子太保，謚襄毅。所著有《平番始末》及奏議若干卷，行於世。子八人，其知名者：誥，南京户部尚書，謚莊敏；讃，文淵閣大學士，謚文簡；論，太子太保，兵部尚書。

論曰：余聞許襄毅公雪夜平哈密，事與裴晋公戡蔡無異也。及事寧，經略其地，興繼滅絶，存數十萬元元之命，於乎仁哉！史班曰：『有陰德者，必饗其樂，以及子孫。』襄毅公之謂乎！

【校記】

〔一〕『翼日』，《國朝獻徵録》卷二四所録景暘《許公進墓誌銘》作『次三日』。

〔二〕『左僉都御史』，《明武宗實録》卷六六、《許公進墓誌銘》、《國榷》卷四八同底本，《明史》卷一八六《許進傳》作『右僉都御史』。據上文許進於弘治初年擢右僉都御史、下文弘治九年陞右副都御使，按照明朝官吏之陞遷次序，則《明史》本傳應誤。

〔三〕『野七克里』，《明實録》《明史》作『野乜克力』『乜克力』，蒙古部落名。

〔四〕『總兵彭清』，按《明史》本傳，總兵爲劉寧，彭清爲副總兵，《許公進墓誌銘》亦稱彭清爲『副總兵』，底本表述不準確。

〔五〕『兵部右侍郎』，據《明史》本傳、《許公進墓誌銘》及下文『未幾，進尚書』，當作『兵部左侍郎』。

## 王繼

王繼，字述之，祥符人也。少治賈，年二十八，父瑄誤爲有司笞，繼發憤始嚮學，家人盡笑之。繼晝入市治賈，夜歸讀書，久之，御史涂謙來使河南，試其文，奇之，補郡學生。成化二年舉進士，授監察御史，命按山西。時忻州定安王某虐縱，繼疏於朝，遣官按治，竟置之法。太原郭外有惡少，守瓜圃，見少婦抱孩過，欲犯之，婦怒駡，惡少乃誣婦盜二大瓜，又以平日所失瓜盡誣之，繼麾婦出，取二大瓜以償，仍紿留孩，償平日失者，惡少喜，亟取，瓜、孩不能兼，繼叱之曰：『汝爲壯男子，且弗能兼抱瓜、孩，矧一孱婦乎？』惡少慚服。高平富民牛氏子殺人，賂其婿代死。民婦某氏，後姑誣以不孝。二獄俱成，繼辯其冤，婿與婦俱得免，牛氏子弃市。

擢陝西按察僉事，督理屯政。鎮守中官劉祥侵占塞下田，繼上章劾之，謫裕陵司香。邊民水利爲勢家奪者，悉取還，威惠並行，豪右屏息。轉固原兵備副使，尋擢山西按察使。先是，有奏紫碧山産石膽可延年者，上遣中使採求，經年不獲，民甚苦之。繼至，令取小石子一升以示，中使怒曰：『汝敢以此搪塞邪？石膽載諸古書，何以謂無？』繼曰：『鳳凰、麒麟皆古書所載，今果有之乎？』乃上疏白其妄，事遂寢。擢山西右布政使。

弘治初，福建、江、廣流賊剽劫，拜都察院右副都御史督兵往剿，事寧，轉兵部右侍郎〔二〕，尋改户部，督理京儲，秩滿，進尚書。嘗盤詰太倉，得羨金十餘萬。故事，尚書及同事中官分取，至是，有爲言者，繼佯許諾，歸即草疏以進。上嘉悦，賜金綺一襲。頃之，閹人李廣事敗，言官劾論交通大臣某某，請置之法，上以人衆，悉宥之。翌日早朝，空班謝罪，惟繼與馬文升不預，上益重之。改南京刑部，尋改兵部，參贊機務。以疾卒于位，年七十有一，贈太子少保。

論曰：余與王公同里閈，每過其家，門户蕭然，未嘗不嘆王公之賢也。夫尚書，官不卑矣，歿未久而家貧若是，世言王公之清操，豈虚也哉？彼美田宅以遺子孫者，視王公何如也？余早歲與其孫愷游，數聞王公遺事，是以得具論之。

【校記】

〔一〕『兵部右侍郎』，《國朝獻徵録》卷四二所録李濂《南京兵部尚書王公繼傳》、萬斯同《明史》卷二四二均作『南京兵部右侍郎』。

## 丘陵

丘陵，字志高，蘭陽人也。宣德四年舉鄉試第一，明年授咸陽教諭，遷平鄉知縣。凡所施設，不憚勞苦。邑有漳水，暴悍衝决，數爲民害，地卑且無城郭，陵築城，又築長堤數十里，以障水，民得播種，堤上復植雜樹以固基。土木之變，民恃以無恐，故至今目其堤曰丘公堤云。山西歲饑，流民入境，陵拊循之，給以閑田，使食其力，民歸之者千餘户。先是，廟學傾圮，陵撤而新之，又爲諸生嚴立課程，時加考閲。其俊偉者，則别館之，日給薪米膏燭，以勖其成。邑之鄉社十二，亦各立學，擇師以教之，於是弦誦之聲達乎閭里。在邑數年，諸廢皆舉，值家艱歸，民攀留不得，乃預計服闋之日，詣闕請復任，從之。又數年，景皇即位，以廷臣薦，擢淮安知府。天順四年，陵入覲，以政績卓異，特賜錦衣、寶鏹，仍命張宴禮部，以示褒勸。累擢山西左布政使。成化初，李秉爲吏部尚書，執法不阿，學士彭華從子求京秩不得，憾秉，嗾同鄉給事中蕭彦莊誣劾，陵坐逮，乃上疏奏辯，事白，彦莊免官，陵亦致仕。後二十年，平鄉百姓思之，爲立碑出貲相事者如市，淮民亦追念，相率設主於名賢祠，歲時致祭焉。又採諸善政民謡，撰《遺惠集》，刻於郡中。陵性清約，未嘗有姬妾之奉，好讀書，老而不倦，所著有《嬰教聲律》二十卷、《芸菴集》三十卷，藏于家。子輅，山西布政司左參政。

## 高魁

高魁，字文元，新鄭人也。事親甚謹，與兄弟同居，財貨盡以屬之，不私一錢。與人同事，遇險難則以身任之，孝友廉義，著於鄉間。成化二十一年，舉於鄉。弘治間，授金鄉知縣，下車之日，即與父老約曰：『令不困君財，爲若掊擊强暴，弗以苛政擾若，若能順令則治也。』父老皆諾。魁乃刻廉勵節，期自身始，冬不必爐，暑不必蓋，飯不必肉，一布袍終其任不易。邑士大夫皆服其化，賓客道其邑者，知魁之爲民也，亦不過望其館穀，豪族巨家至相戒曰：『勿困其良弱，以傷令心。』齊民非輸税供役，終歲不入城邑，四境之内，蓋訢訢然樂也。時飛蝗食稼，旁邑禾粟委地，獨魁之邑無蝗，父老相賀曰：『政之感也，欲聞之當路。』魁曰：『不可！雖古之循吏，亦謂偶爾。予何德以致之。』竟不白。正德二年，擢工部主事，既去，百姓建祠祀之。三年，魁督抽荆州商税，時逆瑾專政，黷賄不如意者輒禍及其家，同輩求以自免者乃縮公課，以其贏羡賂瑾，致瑾悦。人有以此諷魁者，魁應之曰：『公私之際，忠邪之判也。君子貴守道，貴不失己。禍福之來，付之命而已矣。』卒不縮税私瑾，瑾亦不能害。久之，遷本司郎中，管理薊州鐵冶。時政愈刻，魁乃喟然曰：『執國紀律，弘濟時艱，古聖賢會其際者也。今也豈其時哉？龍蛇之蟄，以之存身神也。吾將行矣。』乃連疏乞歸。今上登極，詔進中憲大夫，年七十八卒。

子尚賢，舉鄉試第一，登進士，督學山東，仕至光禄寺卿，所至俱有名蹟。孫捷，都察院右副都御史；拱，少傅兼太子太傅、禮部尚書、武英殿大學士，秉心易直，確有執守，夙夜惟以國事爲念，自輔儲至參鈞軸，歷三十年而田宅不增尺寸，君子比之李文靖云；才，舉人，博學有文，其事二兄甚恭，事無鉅細，必請而行，旦暮省候，俯容曲禮，無少怠，其族屬亦尠有干法者。中州家範之嚴，咸稱高氏。

# 胡瀛

胡瀛，字孟登，羅山人也。成化十一年進士，明敏廉介，初授浙江餘姚知縣。是時，日本夷來朝，騷動鄰邑。瀛備之堅，益市瓦器，實魚菜餅糗，至即人與之數器，夷得飽殊歡，已輒就道，縣得無擾。歲饑，盡發廪以賑，猶弗給，乃節量温飽，令饑民傭食其家〔一〕，多所全活，因奏免田租，已賜之半，復爲請諸折，所弗免者又許之。時監儲督折銀急甚，瀛罷弗徵，坐罰俸，又弗徵。其明年秋成，始下令民輸去年折銀，皆競入，且曰：『勿復累我侯也。』民争燭湖水利，積年不决，至集衆逞兵，瀛乃爲塘，分其湖水，均其灌溉，争遂解息。瀛居數年，以憂去，百姓思之，爲立碑紀德。服闋，改武進，尋擢南京户部主事，遷員外郎，以忤權貴，謫興國同知，遷本州知州，復遷浙江按察僉事。瀛自度與時不合，遂致仕歸。其在武進、興國，皆有惠政。歷三地，吏民俱爲樹碑建祠。子止，吕楠榜進士，仕至監察御史。

論曰：余聞蘭陽丘公、新鄭高公、羅山胡公，守官無苞苴之入，自奉無姬妾之娱，蕭然如寒士，退然如不勝衣，至遇强禦，則挺然不畏。於戲！古所謂三不惑者，非邪？

【校記】

〔一〕『其家』，《本朝分省人物考》卷九二作『富家』，義勝。

# 中

# 卷之十一

滕昭　耿裕　喬縉　李景繁　李愚　楊璡　李興

## 滕昭

滕昭，字自明，黄州知府霄之子也。正統六年，以鄉舉授監察御史。〔一〕巡按順天、福建，俱有聲績。天順初，擢左僉都御史，佐理院事。逾年，以憂去。純皇嗣位，詔起復巡撫遼東，昭謹斥堠、嚴訓練、備芻粟、明賞罰，凡數年，虜不敢近塞。昭乃上疏言：『《大明律》乃一代定法，而決斷武臣，獨捨律用例，以是武臣益貪縱不檢，請一切以律從事。』不報〔二〕。成化二年，進右副都御史，總督漕運兼巡撫淮揚。昭奏建、吴二庶人，宜移本城舊中書省居之，或安置有城池軍衛之所，稍便出入，亦聖王罪人不孥之意也。疏下禮部議，不可，遂止。五年，召還，復遣巡視福建。上杭有紫雲臺者，鄧茂七之黨嘗據爲亂，昭乃相其要害，請立歸化縣。治未還，改視蘇、松。而馬馱沙最繁盛，寄治江陰，民苦往返，昭復請分置靖江縣，上俱報可。七年，拜兵部右侍郎，復轉左侍郎。時汪直管西廠，刺事僭横日熾，中外累足而立，於是兵部尚書項忠倡義草疏，約九卿會劾，詔罷西廠，而御史戴縉久不得調，乃言直所行皆公直，不宜革罷，於是上復命直管西廠，縉遂進用。直既司廠事，首發忠過，廷鞫，遂坐贓罷去。語在《李震傳》。昭亦以忠故致仕。年五十九，卒於家。

論曰：初汪直竊政時，附離者不少，而滕公贊項公劾直，罷西廠，豈見義不爲無勇者耶？及直以薦復用，二公卒蒙構陷，自是九卿以下相繼被黜者百數人。於戲！自古閹豎之禍，未有無黨助以成者，戴縉之罪，可勝誅哉！

【校記】

〔一〕『正統六年，以鄉舉授監察御史』，明程敏政《篁墩程先生文集》卷四三《滕公墓誌銘》云：『年十九舉河南鄉試，上禮部弗利。久之，卒業太學。景泰癸酉，用吏部選授陝西道監察御史。』景泰癸酉，即景泰四年。據此，底本表述不準確。

〔二〕『不報』，《篁墩程先生文集》卷四三作『詔從之』。

## 耿裕

耿裕，字好問，九疇中子也。景泰五年進士，改翰林庶吉士。爲文辭，淳深有古風。授户科給事中，尋改工科。天順初，以父九疇爲右都御史，復改翰林檢討。無何，九疇謀劾忠國公亨，裕坐貶泗州判官。亨敗，召復檢討。成化初，預修《睿皇實録》成，進修撰，仍充經筵講官，歷遷國子祭酒。時勳戚子冲幼者，裕患其難教，取所當習讀古今嘉言懿謨，萃爲一編，授之。它日，有獻於上，閱之嘉嘆。累擢吏部尚書，與大學士萬安不諧，乃造飛語中之，遂改南京禮部，尋改兵部，參贊機務。弘治初，召還，爲禮部尚書。裕丰姿凝重，諳習故實，凡一時大禮，皆從舉行，得會通之宜。是時，西夷貢奇獸，或不由正途，以勞民。裕具疏，論不可，遂止。嘗知庚戌、癸丑兩科貢舉，復改吏部尚書。裕銓選公明，坦夷無物。逾年，加太子太保。時以乞恩傳奉授官者，裕每執不從，奔競之風爲之少息云。卒贈太保，謚文恪。

論曰：弘治間冢宰，王端毅公謝政歸，以文恪公繼其任，一遵端毅矩矱，無少改易。文恪在部數年，士吏多誦之，史稱曹參代何爲相，民有畫一之歌。今觀文恪事，頗相類。《詩》曰：『唯其有之〔一〕，是以似之。』其文恪之謂乎！

【校記】

〔一〕『唯』，阮元校刻《十三經注疏·毛詩正義》卷一四之二四四《裳裳者華》作『維』。

## 喬縉

喬縉，字廷儀，洛陽人也。少穎敏，學士薛瑄見而奇之，授以《毛詩》及《太極》《西銘》諸書。成化八年，登進士，尋以家艱歸。服闋，授都水司主事，督理山東泉源。初，漕由魚臺至臨清，得洸、汶、泗、沂四水，其地復有泉百七十餘道，會於四水，而分流於漕渠，爲牐凡三十有六，設守津吏以司啓閉，爲淺二百二十，各有津老，以時疏治。然歲遠法弛，諸泉湮塞，或爲豪宦侵匿，漕運屢屢告艱。縉行郡，得湮塞泉四百有奇，侵匿泉二百有奇，合六百餘泉，會於四水，漕運大濟，工部以蹟奏，改兵部職方。又二年，遷員外郎。弘治四年，出補四川布政司參議，時馬湖府知府安鰲殺叙南衛千户曹明，奏檄數下，鰲賂當路，獄久不具。縉至，一訊即服。未幾，貴州苗蠻叛，焚掠州縣，命都御史鄧廷瓚帥三省兵討之，以縉督餉。苗誅，有文綺、寶鏹之賜。久之，縉不調，仍坐治泉之故，縉知有怨者，遂上疏乞歸，年七十二卒。所著有《性理解惑》《河南郡志》及族譜若干卷。

# 李景繁

李景繁，字邦泰，儀封人也。幼而好學，器度不群，治朱氏詩。成化五年舉進士，授陝西三原知縣。三原多大商，鬻販淮揚間，貲累數萬，每昏喪費千金。景繁禁之，使如制。逋民歸者復其田廬，死者給以棺。居數年，稍遷太僕寺丞，改工部營繕主事。二十三年，遷虞衡員外郎，尋轉都水郎中，管漕河。時漕塞，自儀真入淮凡三百里，舟膠不行，有詔命都御史暨郎中治。景繁獨任之，募夫八萬人，初濬邵伯湖、楊子橋、三汊河，廣皆六尺。次濬廣陵驛東，廣倍於三汊；次濬朴樹灣，廣三倍於初；次濬儀真、瓜洲二壩，廣倍於朴樹者三，深於舊者各五。景繁行瓜洲堤上，見東南多沮洳區，問土人：『此何所也？』曰：『江潮之匯也。』景繁導之。自古剳港、劉家灣入漕渠，曰今漕渠非得巨流濟之，舟終不可行。如值江潮，時開壩閘恣江北走，已即塞之。天復大雨，漕事成矣。土人曰：『河亢而江下，非壩障之，則河水悉倒流入江，漕渠益淺。』都御史而下，咸謂李策非善，景繁曰：『江水故平，潮至則悍激耳，潮退，水亦易制也。』遂下令有司，具土暨石，潮至，大决壩閘，江水奔漕，水聲洶洶如雷，景繁乃塞壩。閱數日，會大雨，漕渠水瀰瀰襄岸，舟乃大行河，經徐州，盪州將嚙，居人震恐。景繁又作石堤，河不能爲害。弘治六年，遷山西右參議，理儲。景繁行塞上十年，而餉運不闕。擢四川右參政，以疾乞致仕歸。

論曰：余聞國初導諸泉，合洸、汶、泗、沂之水，以益漕，漕不告涸。後百餘年，而泉源湮匿者過半，故漕惟資於河，河水濁而易淤，是以屢通屢塞，廷儀之治泉，雖重忤人弗計也。邦泰導古劄港、劉家灣，潮至決壩閘，俾江水奔漕，漕於是大利，非見明執力，不摇於群議，其功豈易成邪？故曰：『民可使由之，不可使知之。』李公之謂也。

## 李愚

李愚，字克明，蘭陽人也。弱冠舉於鄉，授澧州知州，以禮讓喻俗，不規規於簿書，期會之間，一郡盡化之。成化七年，茅岡宣慰等土夷乘劉千斤之亂，出没剽掠，每過州境，戒戢儕類，勿有所犯，其感革强暴類此。州俗，女子年逾三十始嫁，愚檄屬邑，俱宜依期婚娶，其貧不能舉，亦宜設法貲資〔一〕，一歲完聚者二千餘家。巡撫都御史吴琛聞之，以束帛勞異。罷外艱歸，服闋，改知晋州。值歲凶，愚賑饑恤匱，不遺餘力。是年，大水復至，愚乃上疏，其略曰：『今陛下致治之道至矣，救災之法密矣，而水旱屢見者何也？或者宫人未節，而天意有在於此，未可知也。臣聞男子生而願爲之有室，女子生而願爲之有家，一有拂鬱則憤懣之氣必干天和。昔一婦含冤，三年不雨，矧多於此者乎？考之《春秋傳》曰：「大水者，陰氣盛也。」若今歲雨水爲害，或以陰氣使然耳。嘗觀唐史，太宗因旱出宮女三千人。我朝英宗皇帝即位之初，亦出宮女三百七十人，此其驗也。伏望陛下援古人已行之蹟，酌今日時制之宜，稽察宮女年貌老弱，量爲節減，務使在内在外人人得所，則陰陽氣和，神人胥悦，而天變可回，水旱自彌。是陛下大造之仁，遍浹海宇，國家太平之福，亦永保無疆矣。』疏入，純皇震怒，逮繫京師。已，上感悟，詔釋愚，出宮女五百餘人。愚既還職，益自振勵。會妖賊桑冲作亂，愚以計擒之。上嘉其能，特令榜諭。後數年，致仕歸。子鉉，内黄知縣。愚卒六十餘年，提學副使朱大器始祀於鄉賢祠。

論曰：昔漢嚴安、徐樂上書言事，頗寓規諷，而史氏采之，究其終無它表見。今李公愚之疏可謂嬰逆鱗矣，視嚴、徐孰爲難易？又兩守僻郡，咸有治績，而世無知者，亦可慨矣。

【校記】

〔一〕『貲資』，《國朝獻徵録》卷九七所録朱睦㮮《晉州知州李君愚傳》、《本朝分省人物考》卷八五作『資之』，義勝。

## 楊璡

楊璡，字用章，祥符人也。成化十一年進士，授丹徒知縣。會中使如浙，所至縛守令置舟中，得賂始釋。將至丹徒，璡選善泅水者二人，令著耆老衣冠，先馳以迎，中使怒曰：『令安在？汝敢來謁我邪？』令左右執之，二人即躍入江中，潛遁去。璡徐至，紿曰：『聞公驅二人溺死江中，方今聖明之世，法令昭嚴〔一〕，如人命何？』中使懼，禮謝而去。雖歷他所，亦不復放恣云。牟都御史按部丹徒，以索饌器不得，誣以它事，免官。璡奏辯白，擢南京監察御史。郎中李諒以事謫静寧知州，持尚書黎淳陰事，率家人竊取公帑物，淳不敢詰，璡并劾罷之。給事中某等言事忤旨，衆懼禍出叵測，璡疏救之，曰：『諫官乃天子耳目，若以盡職獲譴，則天下事誰復敢言者？是陛下自塞其耳、自蔽其目也。』奏入，上悉宥之。總制兩廣都御史秦紘劾安遠侯柳景不法諸事，勘實得旨，景罷，紘亦致仕。璡奏曰：『景之罪既明，是紘之劾不謬也。今俱免者，何也？且紘忠實有大略，不宜擯弃。』從之。復起紘爲户部尚書。璡又奏建宗忠簡公祠於丹徒，如岳忠武杭州故事，給卒守墓，春秋祀饗。上俱如所請云。弘治初，擢山東按察僉事。以疾卒，年四十九，亡嗣。所著有《弦齋稿》數卷。

【校記】

〔一〕『昭嚴』，《國朝獻徵録》卷九五所録朱睦㮮《僉事楊用章璡傳》、《本朝分省人物考》卷八六作『森嚴』。

## 李興

李興，字伯起，嵩縣人也。成化十一年進士，授冠縣知縣，以憂去，百姓遮道泣留。起復，改鄒平，尋擢監察御史，忠鯁敢言，每上疏，訣别妻子，不復留意家事。及按陝西，大振風紀，所至奸盗屏息。是時，參將郭鏞怙勢違法，諸司皆畏之，間有劾奏者，鏞即令人劫於道，并其奏章奪之。興乃密疏罪狀，請按誅之。上俞其奏，興捕之，戮于市，百姓稱快。又儀賓樊某者，嘗歐父，父愬之官，莫敢有理者。興廉知，以計縛至階下杖死，其它鋤强戡暴，皆類此。布政韓某素與興不合，及轉都御史，即撫關中，因郭、樊二氏子愬，遂奏興，逮至京師，坐以重辟。吏部尚書王恕乃上疏論救，其略曰：『邇者，御史興巡按陝西，克盡憲職，所至秋毫無犯，其有益於地方多矣。今之所傷，雖有數人，蓋欲懲治奸頑，初非有意挾私，法當擬徒。今若處之以死，臣恐天下後世以爲陛下用刑任情弗以法，豈不有累至仁至明之德耶？且天下貪官污吏、强軍豪民所忌憚者，惟御史爾，今若此，是使御史垂首喪氣，而貪污豪强者無所忌憚，欲小民獲安，四方晏然，難矣！』疏入，上薄其罪，謫戍嶺表，而興名益震。會赦歸，所著有《西巡奏議》《嵩南野録》若干卷。子尚，當父興被誣論死，三上章乞代。及興謫戍賓州，遂從行。弘治十一年，尚由賓州學生中鄉試。

論曰：楊公好言事，所上三疏，乃除奸、啓蔽、進用正人，一時中外肅然。李公按陝時，所至山嶽動摇，至今吏民猶畏威懷德，皆可謂不愧厥職矣。視世之喜循默、惡鯁直者，何可同日語哉？

# 卷之十二

劉忠　王嵩　曹鳳　王鴻儒　高鑑　柴昇

## 劉忠

劉忠，字司直，陳留人也。父達，國子博士。景泰初，夢芝産左膝上，寤而忠生，有異質，從博士授《毛詩》。成化十年以儒士舉於鄉，十四年登進士，選庶吉士。十六年，授翰林編修。忠性峻少通，行方寡合，一介不苟，得惡人趨競，自處常過抗，當事者亦力抑之。在翰林久不調。敬皇嗣位，詔修《憲廟實録》，忠適制闋，乃自家起就局。元年春，上御經筵，復命忠展書。三年，爲會試同考。四年八月，《實録》成，賜白金、文綺，進侍講。十一年，皇太子出閣，命侍講讀。十四年，主南京鄉試。明年，預修《資治通鑑纂要》成〔一〕，會又秩滿，轉侍讀學士。

毅皇即位，進學士，爲日講官。是年，復修《孝廟實録》，以忠爲副總裁。二年三月，陞南京禮部左侍郎。故事，南部祇置右侍郎一人，時忠以日講兼掌制誥，有欲奪其任者，陰謁逆瑾，瑾方惡忠講筵指斥近倖，乃授意吏部改忠南部。既行，京中口語籍籍，吏部聞之。五月，以忠進尚書。是年冬，復改吏部。南部大率閑佚，居官者自名吏隱，俯禮瓦合，規撫削削，忠毅然持風裁，越閫胥人革役者賄縣胥竄名吏籍中，上部往往冒官去，忠命四主事稽厥籍，年經月緯，究竟接代，凡革罷者亡慮千人，即已仕者亦追論除名。庶僚秩滿，爲署考必當實。御史某恃勢驕横，人皆憚屈，忠署下考。郎中某，瑾黨張綵私昵者也，忠署考曰：『守己乖於士論，行事咈乎人心。』自是諸司弗飭者惴惴焉縮其縱。

五年二月，召還，改吏部尚書兼翰林學士，專理制誥。七月，忠兩引疾乞休，不許。九月，瑾誅，詔以尚書兼文淵閣大學士，參與機務。未幾，寧夏叛逆平，以忠運籌有功，加少傅兼太子太傅、武英殿大學士，尚書如故。是時，政權在閹永，大臣改事瑾者事永，忠臨政持重申法，同事者忌而擠，永令其黨廖鵬來謁，遇以僕禮，又却其饋，忠畏叢怨構禍，乃屢疏乞歸，俱賜温旨慰留。六年二月，命主考會試，三月廷試，以忠爲讀卷官。頃之，左右有指摘試録中訛舛字以白上，上示李東陽，東陽不敢對，叩頭捧録而出。忠聞之，嘆曰：『君子見幾而作，可復濡滯乎？』乃即日復陳休致，不許。四月，以展墓請，詔可，特令乘傳。既抵家，疏再上，始許致仕，仍給廪米月五石，與夫歲八人，録一子爲中書舍人。

今上嗣位，臺諫屢薦不起，詔遣行人詣廬存問，復蔭一子爲中書舍人。頃之，又命有司時致問焉。二年七月，以疾終，贈太保，謚文肅。所著有《野亭集》八卷，行於世。孫存恩，以大理寺寺副出爲周府右長史，清嚴明敏，臨事無少遜避，君子謂不愧祖德云。

論曰：余聞劉公平生慕趙清獻之爲人，寡交接，慎取與。在翰林逾三十年，始拜學士。正德初，上以青宮舊臣方被柄用，公乃乞休，疏凡十餘上。是時，尠有知公意者，及後同事諸僚俱以事斥去，人始服公之明。《易》曰：『介於石，不終日。』其文肅公之謂乎！

【校記】

〔一〕『《資治通鑑纂要》』，《明世宗實録》卷三〇作『《資治通鑑節要》』。按，《弇山堂別集》卷二九言李遜學所作《焦少師芳葬誌》云：『纂修《通鑑節要》，瑾謂錯誤，厲威欲罪館職，公曰：「古今未聞以文字罪人者。」瑾乃止。』又張光啓撰《資治通鑑節要續編》三十卷，明正德九年司禮監刻，今藏南京圖書館。則『纂要』當作『節要』。

## 王嵩

王嵩，字邦鎮，汲縣人也〔一〕。成化十一年進士，明年授太湖知縣。丁母憂，服除，再授青城。兩地俱有治績，以異徵拜監察御史，恥尚苛察，務持大體。初按遼左，遼之積弊，悉爲嵩所裁，其開原、鐵嶺諸衛，前按遼者多不至其地，嵩盡歷之，一時邊備爲之肅清。繼按江右，會巨盜楊九龍者，聚嘯山林以千數，吉安迆南俱爲騷動，嵩處以方略，不逾時而盜就擒。上聞，降璽書、文綺旌之。盜平，又會時饑，人多轉于死，嵩曰：『救饑恤困，勢不可緩，若待取勘，事無及矣。』乃令郡縣長吏即發廪賑之，所活甚衆。

弘治四年，嵩遷大理右寺丞，進左，右少卿。指揮某母再以不孝告，法，凡再告者，不復訊。其犯稱寃不已，嵩疑其母與人通而疾其子，又據律有父母誣告之款，遂駁之。諸刑曹皆笑，以爲再告無駁者，及復訊，其母於囚棚下產一女。翌旦，舉朝聞之，咸嘆服，以爲不可無大理云。内府匠申能格殺人，法當抵命，匠迺夤緣權貴，得上旨與之辨，勘者欲希順上意，嵩獨不然，迺言曰：『生殺予奪，君上之權也。奉公執法，臣下之職也。匠兇殺人甚慘，若生者得以倖免，死者何辜？』覆奏以爲不可，上從之，繇是嵩名益著。

十一年，擢都察院右副都御史，巡撫延綏，其地武備久廢，且兼鎮守貪暴，嵩至，頓革其弊，而邊務始振。後坐西虜來犯，謫參議，致仕。正德中，逆瑾擅政，求賂于嵩，嵩弗從，遂誣嵩在延綏時侵剋官銀，矯詔下獄，籍其家而償，仍戍于鄴。嵩雖爲瑾所誣，而怡然自處，不以夷險易節。後四年，事白，瑾弃市，復嵩爵，而所没之產，仍命有司給焉。年八十有四，卒。嵩生平重孝弟，春秋祀先之禮，靡不誠慎。兄三人，事之甚恭，所得祖産，悉讓之。

論曰：余嘗覽張釋之對文帝馬驚乘輿、盜竊玉環事，未嘗不掩卷而嘆，何也？夫法者，如衡之平，不可以人主意嚮而爲之重輕。今觀邦鎮公爲廷尉時平反執奏，與釋之所對奚異？使用法者皆若是，則天下焉有冤民哉？

【校記】

〔一〕『汲縣人』，《本朝分省人物考》同底本，《國朝獻徵録》卷六〇所録朱睦㮮《都察院右副都御史王公嵩傳》作『波縣人』。按，汲縣爲明代衛輝府治；波縣爲西漢時所設縣，隸河内郡，西晋時已廢。則王嵩當爲『汲縣人』，『汲』『波』蓋形近致訛。

## 曹鳳

曹鳳，字鳴岐，新蔡人也。生之先一日，母自外春歸，見火光如車輪當其前，明日鳳乃生，生而靈異，比就外傅，略加訓説，即了大義。甫冠，舉子業精粹，尤以檢身斂心爲務。時天台陳選督學中州，甚器重之，曰：『曹生非他生儔也。』成化十七年登進士，除祁門知縣。或謂鳳曰：『祁土浮俗僞且健訟，當思以處之。』鳳曰：『若使我先逆民耶？逆必設機械，不得則重刑，將有誤罹法網者，卒不爲逆祁民〔一〕。』凡訟至，分下都長，虚心考其成，隱奸巧詆，莫遁其情，然亦不深疾也。

在祁九年，擢監察御史。當敬皇改元之初，鳳持風裁，崇論正議，多所嘉納。偶奏事失儀，鴻臚糾舉，上特宥之。謂左右曰：『此曹御史也，好官當略其細過。』五年，命按江北潁上，僉事某傲虐不戢〔二〕，鳳將論之，然僉事素善持人長短，且嘗忤鳳，而潁、新蔡又甚邇，或謂鳳曰：『此易興謗階，宜寬之。』鳳曰：『身爲風憲而避嫌不言，必將挾私而傾善矣。』竟劾罷之。

七年，陞蘇州知府。蘇富饒甲天下，俗尚奢靡，其親死則多火之。鳳下車，首置義冢以畀貧者，而禁火葬，訂婚喪禮，不得過制，凡餞迎時序，一切務從儉素，違者刑之，政平訟理，而當時各郡，莫不推先蘇州者。十五年，述職入京，宰臣奏宴天下賢有司於禮部，鳳與焉，蓋異數云。尋陞山西左參政、湖廣右布政，擢都察院右副都御史，巡撫延綏地方。

正德初，召還京師，而逆瑾用事，瑾在八黨中尤狡滑，掌司禮監事，人稱爲内相。凡藩郡入爲京官，必重賄方免，曰方曰干，方者萬金也，干者千金也，見則長跪稽首，内相不爲禮。鳳，弘治中所造士也，不習諛阿禮，又不知賂事，時朝廷十日不御門，或曰盍先謁内相，鳳曰：『未見天子，而先謁權宦耶？』不見，瑾固含怒，後見瑾，又長揖不拜，瑾佯問入京幾日，示見遲意。鳳曰：『十日。』瑾又言：『都御史知回院故耶？』鳳曰：『聖恩也。』瑾復問：『何以報稱？』鳳曰：『都御史風憲官，振肅紀綱，激揚淑慝耳。』瑾怒目揖鳳出，鳳歸即上疏乞休，不報。旬日再疏，亦不報。時瑾嚴勘天下錢穀，以中傷不附己者，勘官希瑾意，言延綏布糧浥爛，過緣主者，鳳適丁外艱，所司奏鳳當守制，瑾乃罷其官聽勘，竟誣鳳償布五百匹、粟千石，立限繫家屬，緩則籍其家，鳳乃盡鬻世産完報。然瑾怒猶未解也。鳳積憤，一日端坐，無疾而卒。明年，瑾誅，朝廷遣官諭祭，且給金營葬事。

鳳平生不蓄姬媵，不治生産，宦游所歷之地，吏民咸戴，至今猶有過其宅墓而問且拜者，其遺愛感人若此。孫亨，孝友廉直，喜道人之善，不啻若自己出。嘗守兗，爲東郡循吏第一，繼陞藩臬，俱有治蹟，今爲都察院右副都御史。

論曰：端士不以俗易行，貞臣不以勢奪守。正德初，逆瑾竊柄，其勢焰赫赫，嬰之者禍不旋踵。而曹公入而不謝，揖而不屈，詞嚴義正，欲潛消其邪謀。當是時，豈以死生得失爲念哉？《詩》曰：『不侮鰥寡，不畏強禦。』若曹公者，其近之矣。

【校記】

〔一〕『爲』，《國朝獻徵録》卷六一所録韓邦奇《曹公鳳墓誌銘》作『以僞』，義勝。

〔二〕『傲虐』，原作『敖虐』，義不通，據《國朝獻徵録》卷六一改。『傲虐』，性情傲慢，殘害百姓。

## 王鴻儒

王鴻儒，字懋學，南陽人也。少奇穎，工楷書，親屬爲府史，從治文書。時金城段堅知南陽府，見鴻儒書，奇而問之，史以實對，遂召見，一試大驚，乃留居府中，親授《尚書》。久之，鴻儒因言張生景純爲學艱苦，堅又招景純，授以《毛詩》。兩人咸資禀良篤，思致精密，博通百氏，而主本於『六經』。成化十九年，鴻儒舉鄉試第一，又四年，景純舉第八，於是南陽人益服堅知人云。後景純未仕而殁。二十三年，鴻儒登進士，爲工部郎中。弘治間，出督晉陽學政〔一〕，表勵敦謹，裁抑靡浮，俗習爲之一變。臺臣屢薦於朝，時上勵精求治，物色賢雋，一日，諭劉大夏曰：『王鴻儒它日可大用。』大夏對曰：『此人才行不易得，誠如聖諭。』無何，敬皇殂落，鴻儒悲傷，亦謝病歸。正德四年，起爲國子監祭酒。越四月，以父喪去位。七年，復起爲南京户部右侍郎，尋改少宰。十四年，晋南京户部尚書。會群閹擅權，政門頗雜，鴻儒痛憂飲泣，雖在貴顯，如困葛藟。是年七月，疽發於脅，遂卒，謚文莊。所著有《凝齋集》若干卷。弟鴻漸，字懋德，鄉試復舉第一，登進士，累官山東右布政使，所著有《滑南集》，與《凝齋集》並傳。南陽文獻之盛，自王氏始。

論曰：王公操履清純，學識該洽，弟懋德亦馴雅多聞，世稱宛郡二難，良不虛矣。

【校記】

〔一〕『爲工部郎中。弘治間，出督晋陽學政』，《明武宗實録》卷一七六作『授南京户部主事，轉員外郎，陞山西提調學校僉事』，《明史》卷一八五《王鴻儒傳》作『授南京户部主事。累遷郎中，擢山西僉事，進副使，俱督學政』。

## 高鑑

高鑑，字克明，太康人也〔一〕。曾大父智官，革除間爲副千户，永樂初謫戍信陽，子孫遂家焉。鑑年十一，時與群兒戲釣於學宫池水上，曰：『我釣鼇亦如此爾。』指揮劉宗異之，舉於提學副使陳選，收爲弟子員。成化十一年舉進士，授武選主事。時崇王請置守備，汝寧大司馬以信陽已置守備，而汝寧重置，難之，集司屬議。鑑進曰：『是不難，移信陽守備置汝寧，俾兼視信陽，則事攝而官可不重置。』大司馬喜曰：『主事議便。』於是常引與計事，稱之曰『我益友也』。鑑仕宦既聞，時有所憤切，乃言事忤中貴人，中貴人注其名屏上，卒以他事逮之，調鎮遠府通判。在鎮遠，爲都御史錢鉞所重，時時咨以邊務。洞夷有相讎者，使鑑輯之，不服，鑑乃夜徙居他山，虛設供帳故所，遲明往，卧榻已碎，鑑從容束帶出帳前議和事，夷覘而神之，盡服。弘治改元，移山東青州。明年，遷鎮江同知，嘗署郡事。會日本使臣過，以詩獻鑑，和答立就，使臣俯首嘆伏，曰：『中國詩人也！』無何，自鎮江遷夔州知府，致仕歸，年六十七卒。鑑善談辨，曉音律，有《鐵溪集》若干卷。

論曰：余聞大復何公云：汝南雖代有顯仕，而文物之開，實自鐵溪公始。及覽公所著篇什一二，其風流藴藉，殆非近代所易得者。余蓋未嘗不嘆何公之知言也。

【校記】

〔一〕『太康人』，《本朝分省人物考》卷九二作『信陽人』，據下文『曾大父智官，革除間爲副千户，永樂初謫戍信陽，子孫遂家焉』，則高鑑應爲『信陽人』。

## 柴昇

柴昇，字公照，南陽人也。少受經於郡守段堅，成化二十三年舉進士，擢工科給事中。弘治三年，彗見東井，詔求直言，昇首疏十五事，皆切中時弊，上嘉納。明年，山東、河南大水，復求時政得失，昇言四事，上亦從之。七年，詔建昌國公張延齡第。延齡，敬皇后同産弟也，勢焰薰灼，人莫敢言，昇上疏論止。八年，四川番僧領占竹𩔖緣行取禮部，御史諫不聽，昇乃入奏，大略以恤人言、杜無益，反覆乎孟軻、韓愈之義，亹亹幾萬言，上讀之大悟，即命停罷。又疏止度僧、徵畫工，咸切直，語多不録。十三年，改兵科，適大同虜逼，昇乃劾平江伯陳鋭玩寇殃民，師久無功，宜罪之以勵邊士，上即罷鋭，偏裨以下各置之法。累擢廣東右布政使，平十三村賊，賜銀牌、紵衣。復遷山東左布政使，舟還荊襄。先是，州縣盛設供帳以俟，及昇至，行李蕭然，無異寒士，觀者興嘆。正德二年，擢右副都御史，巡撫江西，已改陝西。時革總制三邊，率聽制於昇，昇紀律嚴明，先聲所至，虜不敢犯。歷陞吏部左侍郎。會尚書被逮，昇攝部事，凡病國紊法者一切釐正之。無何，陞南京禮部尚書，復改兵部，參贊機務。以父喪去位，服闋，改工部，昇辭，不允。居數月，復上疏請老，詔始從之，仍給月廩、輿夫，乘傳還鄉。歸八年，當今上改元之初，言官屢薦，特加榮禄大夫，遣官存問。二年八月卒〔一〕，贈太子少保。昇性至孝，嘗分禄養親，及親殁，前後廬墓六年，哀毁逾禮，鄉人稱之。

論曰：柴公，其古之遺直也。其論事侃侃，無所避忌，遭遇敬皇明聖，俱蒙采納，見之施行。吁，亦幸矣！

【校記】

〔一〕『二年八月卒』，《明世宗實録》卷三三作『嘉靖二年十一月卒』。

# 卷之十三

李夢陽　何景明　崔銑　王廷相　何瑭　王尚絅

## 李夢陽

李夢陽，字獻吉，其先扶溝人也，國初徙居慶陽，父正以阜平訓導補封丘王教授，遂家大梁。母高氏，夢日墮懷中，寤而生夢陽。年十八〔一〕，舉鄉試第一，明年爲弘治六年，登進士〔二〕，授户部主事。是時，海宇清寧，部寺多暇，諸薦紳先生雅事文墨，夢陽與信陽何景明、姑蘇徐禎卿、鄠杜王九思、濟南邊貢倡爲古文辭，以變衰陋之習，斷自秦漢而止，六代以下弗論也。居久之，轉員外郎。

時外戚壽寧侯張延齡怙寵驕縱，人莫敢問。夢陽乃應詔陳其二病、三害、六漸，語稍侵中宫，詔下錦衣衛獄，拷掠備加，無所撓屈。敬皇一日御文華殿，召大學士劉健、李東陽、謝遷，問李夢陽宜何如處，健對曰：『夢陽狂直，不足深罪。』上色變，東陽不敢對，遷乃從容言曰：『夢陽雖狂直，然其心無他，實欲效忠於陛下。』上曰：『謝先生言是。』及獄具，詔夢陽復職。已而獨召兵部尚書劉大夏，問曰：『日來外間事何如？』大夏曰：『近釋李夢陽，中外歡呼聖德如天地之大。』上曰：『朕初欲輕譴此人，而左右者輒曰輕，莫若杖而釋之，汝知渠意乎？』大夏曰：『不知。』上曰：『杖必送錦衣衛，渠拴關節，杖之必死也。於渠輩則誠快矣，其如朕殺諫臣何？』大夏曰：『陛下此事，即堯舜之心也。』

明年爲正德改元，夢陽遷郎中，逆瑾輩導上鷹兔狗馬、舞唱角牴，漸廢萬機。給事中劉茝、陶諧相繼奏劾，不報。於是户部尚書韓文每退朝，對屬吏輒泣下，夢陽間説之曰：『公大臣也，義同國休戚，徒泣何益？』文曰：『奈何？』曰：『比諫臣有章入，交論諸閹，下之閣矣。夫三老者，顧命臣也，聞持諫官章甚力，公誠及此時率諸大臣殊死争，事或可濟也。』文乃毅然改容曰：『善！即事弗濟，吾年足死矣，不死不足以報國。』翌日，文入，密扣三老，三老許之，而倡諸大臣，諸大臣又無不踴躍從者，文乃大喜，退而召夢陽，令具草。及疏入，上遣司禮者八人詣閣議，一日而遣者三，閣議持不肯下，而王岳者，八人中人也，剛厲而無阿，頗亦惡其閹儕，顧獨曰閣議是。明日，詔諸大臣。諸大臣既入，左掖徐徐行，使吏部侍郎王鏊趨詣閣探動静，健曰：『事將濟矣，諸公第持，莫輕下。』鏊至左順門，閹首李榮手諸大臣疏曰：『有旨謂諸先生言良是，無非愛君憂國，第奴儕事上久，不忍即置之法耳，幸少寬之，上自處耳。』衆懼，莫敢出一語答榮面。文曰：『此舉本出自公，公云何文復陳諸閹罪狀？』榮曰：『疏備矣。上非不知，第欲寬之耳。』鏊乃前謂榮曰：『設上不處，如何？』李榮曰：『榮頸有鐵裹之邪？敢壞國事？』文等遂退。是日，群閹已窘，業自求安置南京，閣議猶持不從，而吏部尚書焦芳泄其謀，群閹環哭上前乞命，事中變，瑾遂召入司禮監，而王岳、李榮皆竄死。瑾知韓疏出夢陽手，蓄憾不已，矯旨奪其官，尋又黜健等四十八人，榜爲黨人。然瑾必欲殺夢陽，以攄其憤。明年，羅織他事誣奏，械繫詔獄。夢陽兄孟和及内弟左國玉者，間徒從謁修撰康海及瑾嬖人姜達，曲捄得免，放歸大梁。

四年，瑾誅。五年，起夢陽江西提學副使，敕許舉聞重事。夢陽振學造士外，復時時大有吏白臺使及同官者，病其侵官，而御史江萬實會按江西，與夢陽不合，夢陽疏其事，萬實亦論劾。天子命大理卿燕忠往勘。是時，忌者咸欲擠入不測之淵，獨少傅楊一清爲力解，夢陽遂獲末減，語在《景明傳》。

初，宸濠懷逆，招致文學之士，凡吏江西有才名者，即啗以厚利，否則威劫之。知夢陽不可撼，佯下之，而布政使鄭岳適爲濠所陷，夢陽素與岳不相能，岳既得罪，謂夢陽傾之也。及濠敗，辭連夢陽，賴刑部尚書林俊奏辯始白。今上即位，都御史王廷相、學士霍韜及知者相繼論薦，竟不用。嘉靖十年，迎醫京口，還遂卒，年五十有九。〔三〕所著有賦、頌、樂府、古今詩三十六卷，書、疏、碑誌、記、序、雜文二十七卷，《空同子》八篇，行於世。子枝，舉進士，爲南京工部主事，左遷海州同知，才藻宏麗，千言立就，有父風云。

論曰：文豈易言哉！班固自叙，惟稱司馬遷、相如而已，即雄、誼、向、歆之屬，亦所不論。唐三百年，僅得昌黎、柳州二子，宋自歐陽子後，有王、曾、蘇氏父子。嗟乎！代不數人，兹不謂之難哉！明興，金華宋公景濂、王公子充、青田劉公伯温、姑蘇高公季迪，遭際昌辰，秉筆蘭署，鋪揚鴻業，黻黼皇猷，猗歟盛哉！永宣之際，則有楊文貞、文敏，成化以來，則有李賓之、謝鳴治，各擅一時之譽，雖氣存淳樸，而體沿卑靡，要亦習俗使然也。弘治間，北郡李公獻吉與何、徐諸公始變文體，力追元古，務去近代之習，文稱左、遷，賦尚屈、宋，詩擬漢魏，兼法盛唐，海内學士大夫翕然趨之，誠一代之宗工也。後雖有作，弗可尚已。始公還自江西，與先大父豫齋府君談經榷藝，至相密也。余時以童年獲侍，輒蒙國器之許，嗟嗟！乃今齒逾不惑，而貿貿無聞矣。緬憶疇昔之遇，可勝愧哉！

【校記】

〔一〕『年十八』，據《國朝獻徵録》卷八六所録崔銑《李公夢陽墓誌銘》，以及朱安況《李空同先生年表》，李夢陽生年爲成化八年（一四七二）十二月，下文言其舉鄉試第一在弘治五年（一四九二），則李夢陽時已二十歲，底本作『年十八』應誤。

〔二〕『舉鄉試第一，明年爲弘治六年，登進士』，《明史》卷二八六《李夢陽傳》作『弘治六年舉陝西鄉試第一，明年成進士』，《李公夢陽墓誌銘》作『弘治癸丑進士』，弘治癸丑即弘治六年，另據《明孝宗實録》載弘治五年鄉試、六年殿試，則《明史》本傳誤記李夢陽舉鄉試、登進士時間。

〔三〕『嘉靖十年，迎醫京口，還遂卒，年五十有九』，《李公夢陽墓誌銘》作『嘉靖己丑九月二十有九日卒，享年五十八』；《李空同先生年表》作『（嘉靖）八年乙（己）丑，公年五十八歲，夏，疾果作……至十二月晦日……作自贊……書畢而逝』，嘉靖八年爲平年，十二月晦日即十二月二十九日；《國榷》卷五四稱李夢陽卒年爲嘉靖八年十一月。按，關於李夢陽之卒年、享年，當以《李公夢陽墓誌銘》《李空同先生年表》爲是，即卒年嘉靖八年十二月二十九日、享年五十八歲，底本應誤。

## 何景明

何景明，字仲默，信陽人也。生有異質，八歲即能詩。年十二，以父任臨洮驛丞，乃隨侍臨洮。臨洮守李紀者聞其奇，召至門下，甚器重，爲延師授《春秋》。亡何，即善說《春秋》。歸，又授《尚書》於兄景韶所。甫數月，即以《尚書》舉鄉試第三，時年十五也。諸王公大人以其少而雋，爭迎致一見，候車日數十乘〔一〕，所過觀者如堵。明年會試，以文多奇字不第，入太學卒業，歸則祭酒林瀚賦詩贈之。逾歲爲弘治十五年，舉進士，授中書舍人。與邊、李輩工古文辭，皆相振勵，而且尚節義，鄙榮利，並有國士之風焉。夢陽又駿發，與景明齊名，海内操觚之士皆宗尚之，稱『李何』云。

十八年五月，景明奉敬皇哀詔下雲南，雲南君長及中貴人咸請題咏。比還，饋遺犀象珍貝，悉謝不受。是時，逆瑾用事，景明移書許進，言宜自振立以抑瑾權。瑾聞而銜之。景明乃謝病歸，後竟坐免官。正德四年瑾誅，李東陽薦復授中書舍人，直内閣制敕房經筵官。夢陽遭江西之訟，衆多媒孽其短，勢洶洶，欲擠陷重辟。景明又移書楊一清爭之，始得白。五年，東陽引疾乞休。會有兵事，景明又援古大臣義爲書讓之。三書義咸高，語多不録。九年正月，乾清宫災，景明應詔陳時政，乃言人事不修，天變將復作，且詆義子宦官，語頗激切，不報。是時，四方學士，咸願識景明，車馬填門巷，錢寧亦欲交歡景明，持古畫求題，謝曰：『此名畫，不可點污。』屢請，卒不許。師御史客死京邸，權倖廖鵬者贈之以棺，景明叱之，曰：『吾友生不苟受，豈以死污之邪？』遂自出金賻之〔二〕。

十二年，進吏部驗封司員外郎，仍直内閣。明年，遷陝西提學副使，以經術世務教諸士。其規約尚嚴，志在崇本起弊。士初稍不堪，久之幡然興起，自是士習文體爲之一變云。十六年病歸，卒于家。所著《雍大記》三十卷、《何子》十二篇，詩、樂府、書、疏、騷賦、序、記、銘、贊、雜文二十六卷，傳于世。子立，德安府同知；孫洛文，翰林庶吉士。有雋才，能世其家學。

論曰：何公有經世之才，所歷皆散地，未獲一展厥藴，嘗著《十二論》以見志。於戲！古之才士詞臣，如虞卿、王符之類，不能致用於時，而恒托之論述，亦可悲矣。

【校記】

〔一〕『日數十乘』，《國朝獻徵録》卷九四録何景明弟子喬世寧所撰《何景明傳》作『常數十乘』，《何大復集》附録喬世寧《何景明傳》作『嘗數十乘』，較底本義勝。

〔二〕『遂自出金賻之』，《何大復集》附録《皇明名臣言行録》、何景明弟子樊鵬所撰《何大復先生行狀》同底本，《何景明傳》作『乃約所知，共賻金斂之』，《何大復集》附録《信陽何先生墓碑》作『先生醵諸客，購他材，力却鵬所賻者』，《何大復集》附録孟洋撰《何君墓誌銘》作『乃自出金賻之，諸所知皆賻之』。

## 崔銑

崔銑，字子鍾，一字仲鳧，安陽人也。父陞，參政，廉謹有聞。母李淑人之娠也，芝産門閾，及月夢蛟龍，寤而銑生，啼聲洪亮，風骨岐嶷，見者異之。十歲從父延安，授《四書》《毛詩》。明年，從諸儒官講《太極圖》，通《周易》。弘治十一年舉于鄉，入太學，與三原秦偉、馬理，高陵吕柟，榆次寇天叙，林慮馬卿，同邑張士隆相友，約明經修行，毋慕高虛，毋溺訓詁，其志毅然以洙泗爲師。

十八年舉進士，改庶吉士。正德二年，授翰林編修，預校《敬皇實録》〔一〕。三年會試，爲同考，宰執欲私其子，以托銑，銑不可，宰執惡之。會逆瑾竊政，銑見瑾又不屈，瑾怒，謂其黨吏部尚書張茝曰〔二〕：『翰林白面後生，輕薄如崔銑尤甚。』欲重罪之，茝不可。是歲，《實録》成，瑾僞傳上旨，史臣未練政體，各加俸一級，調部屬州縣，銑改南京吏部主事。五年瑾誅，召還史職。逾年會試，再爲同考，時輔臣治文藝，銑上書勸以及時悟主、救民、薦賢、理財、强兵，毋事瑣末，懇懇千餘言。九年，掌廷試卷，充經筵展書，會講官有他故，即代之。明年，御史王廷相下獄瀕死，亟詣執政力救出之。十一年，經筵講《説命》，啓上以擇相輔、德納誨、去讒頑、戒逸豫，時權倖錢寧、廖鵬在側，大銜之。冬歷三考，轉侍讀。十二年春，罷經筵，引疾求去，不許。二月，復爲會試同考，事竣，懇請而歸。是年，作後渠書屋，董耕授徒，删定《二程遺書》，作郡志。未幾，罹母艱，三年食粗異寢。

今上即位，輔臣諫官交薦，起修《武廟實録》，兼侍經筵。二年，講《論語》，開陳治本，啓沃懇切。尋擢南京國子祭酒，諸生相顧曰：『吾輩得師矣。』銑開誠心，崇正義，明條教，嚴祀事，正文體，獎雋彦，警輕惰，禁遊戲，清廪餘，革蠹耗，日衣冠坐東堂，諸生朝夕問難，銑響答不倦，周貧佚老，問疾賻喪，士林大悦。三年，議大禮，銑抗疏勸上勤聖學、辨忠邪，以回天變，自分必被逮，已而報休。銑曰：『天恩蕩覆，見老親幸矣。』諸生愕然，如失怙恃，設帳爲文贈曰：『忠孝兩全，出處中道。』銑行，不役一夫，囊中無江南一物，惟攜古書數篋耳。公卿及諸生送者千餘人，從而渡江者又千餘人，群拜，潸然涕下。銑乘醉登舟，歌曰：『故園菽水知堪養，捷徑南山保未曾。』歸見父陞，愉愉如也。日讀書洹上，折衷群言。明年，喪内，不復娶。四方治學者雲集，銑教以研經飭行，曰：『道在五倫，學在治心，功在慎獨。』論學曰：『古之好異者以明志，今之好異者以昧心。夫正物之謂格，至理之謂物，今之異言也。然則心當何功而至善，有別名乎？聖賢之道，如日月五星點綴，求異而不求其所循與否，衹以抗名華世而已。非昧其心與？孟子曰：「良知良能，心之用也。」愛敬，性之實也。本諸天，故曰良。今取以證其異，删良能而不挈，非霸儒與？』論讀書曰：『讀經見諸行事，因事驗其經旨，是故卒至不駭，可以即變矣。邇言不狎，可以出令矣。小物克慎，可以舉大矣。僕婢服義，可以使民矣。日誦六經不力行，則得其字爾。』五年，羅父艱，哀毁更甚。既禫，著《松窗寤言》《中庸凡演》《大學全文》，又著《士翼》《政議》《中説考》《文苑春秋》。

十八年春，立皇太子，上慎選宫僚，起銑詹事府少詹事兼翰林院侍講學士，尋進南京禮部右侍郎，署户部篆，清耗蠹弊。無何，入賀萬壽聖節，部例公贐，悉拒不受。時有風霾之變，銑自劾，温旨慰留。冬過家，疾作，杜門調攝，著《讀易餘言》。已病劇，不克南行，議乞休，未果，遂卒，年六十四，贈禮部尚書，謚文敏。

論曰：明興，承金元之後，爲文者多襲陋沿萎，崔公懲之，所爲文務反近代，抒意立言，自成一家，奥衍閎深，縉紳先生多宗之。以居洹上，故稱《洹詞》云。余弱冠時，崔公方盛，每見所撰述，梁宋之士争相傳録。余時時亦竊取誦習。《詩》曰：『高山仰止，景行行止。』假令文敏而在，雖爲之執鞭可也。

【校記】

〔一〕『預校』，《明史》卷二八二《崔銑傳》作『預修』，《國朝獻徵録》卷三七所録郭朴《崔文敏公銑傳》作『校修』。

〔二〕『張莖』，《國朝獻徵録》卷三七作『張綵』。張綵，正德四年官吏部尚書，爲劉瑾之黨；正德五年劉瑾敗，下獄死。底本疑誤。

## 王廷相

王廷相，字子衡，儀封人也。弘治十五年進士，改庶吉士。又三年，拜兵科給事中，歷陳時政，不避危忌，謫亳州判官。正德四年，遷高淳令，尋擢監察御史。會關中盜起，命廷相按理，因奏潼關乃三秦要地，宜設兵備控治，群盜可不攻而自弭矣。詔從之，盜亦潰散。鎮守太監廖鑾方煽虐關中〔一〕，廷相因事禁革，鑾銜之〔二〕。及改督學畿輔，中官劉、王輩納賄囑事，廷相焚其書于庭，劉、王輩方共計陷，適鑾誣奏入〔三〕，因力構之，遂下廷相詔獄，謫贛榆縣丞，累遷四川僉事、山東副使，俱督學政。廷相乃敦士節，振萎習，諸生皆翕然化之。

嘉靖改元，擢湖廣按察使。明年，遷山東右布政使，以母憂歸。制闋，起右副都御史，巡撫蜀中。亡何，沙保、向汛倡亂〔四〕，廷相率兵剿平，捷奏，擢兵部右侍郎，尋轉左侍郎。九年，進南京兵部尚書，參贊機務，奏革內外守備監局料剋、役占諸弊。召還，改都察院左都御史，掌院事，兼兵部尚書，領十二團營。廷相申憲綱、振武備，前後條陳便宜凡若干疏，上皆允行。十五年秩滿，加太子少保。四月，從祀山陵，賜飛魚衣。十八年，上幸承天，廷相具疏懇留，不許，即命扈從，時承召問沿途勞費狀，廷相以直對，裁省甚多，行在滿三考，加太子太保，復賜玉帶、厩馬，知眷日隆，將大用焉。而翊國公勛諸不法事覺，詔捕勛下獄，大學士夏言素忌廷相，遂陰以勛事中之。給事中劉繪上疏申救，言擠陷益力，竟坐免。廷相既罷歸，葛巾野服，不入公府，臺諫吏部屢薦不起。二十三年九月，以疾卒。所著《禮樂雜論》四十三篇，《夏小正解》十二篇，《雅述》《慎言》十五篇，古近體詩、辭、賦、樂府二十卷，序記、銘贊、述對、辨考、書策、答問、碑志、雜文、奏議三十一卷。〔五〕

論曰：弘治間，獻吉、仲默、子衡、仲鳧，京師號曰四傑。彼三公者，俱以言忤時貴人，坎壈窮困終其身，而王公雖遭擯折，卒以忠誠寤主，歷事三朝，表正有位，風節至今凜凜不衰，其所論著數十萬言，考據精覈，構思宏雅，且見之用，若公亦不謂不遇矣。

【校記】

〔一〕「廖鑾」，《明史》卷一九四《王廷相傳》作「廖堂」，《明武宗實録》卷一〇八正德九年春正月條云：「陝西鎮守太監廖堂誅求無厭，天和、廷相繼按其地，稍裁抑之，遂致怨會。」《國朝獻徵録》卷三九所録于慎行《王公廷相墓表》作「廖鵬」。據《明史》卷一八八，廖鵬爲廖堂之侄。本卷《張士隆》篇云：「時錢寧大有寵，賜姓朱，而廖鵬附之。初鵬以中官廖堂爲兄，鎮守河南。鵬凶殘，積金如山。既敗，又以鑾爲兄，鎮守陝西。」又《明史》卷二八六《何景明傳》云：「廖鵬弟太監鑾鎮關中，橫甚，諸參隨遇三司不下馬，景明執撻之。」關於廖堂、廖鵬、廖鑾之關係，上述史料記載差異很大。但可以確定的是，何景明任陝西提學副使在正德十三年，王廷相出按陝西在正德九年前後，據《明武宗實録》，正德九年前後陝西鎮守太監爲廖堂，底本作「廖鑾」顯誤，當作「廖堂」。另，《王廷相集》附録高拱《浚川王公行狀》、張鹵《少保王肅敏公傳》作『廖鏜』，『鏜』蓋爲『堂』之訛。

〔二〕『鑾』，當作『堂』。

〔三〕『鑾』，當作『堂』。

〔四〕『向汛』，《浚川王公行狀》《少保王肅敏公傳》作『向信』。

〔五〕關於王廷相的著作，《浚川王公行狀》云：『在翰苑有《溝斷集》，爲侍御有《臺史集》，在贛榆有《近海集》，在松江有《吴中稿》，在四川有《華陽稿》，在山東有《泉上稿》，守制時有《家居集》，在湖廣有《鄂城稿》，爲侍郎有《小司馬稿》，在南京有《金陵稿》，總括之爲《王氏家藏集》云；又有王氏《慎言》《雅述》《躬禮圖注》《攝生要義》《内臺集》《奏議》及《覆奏語略》《公移駁稿》《歸田稿》《闡玄述》，咸刻行於世。』《少保王肅敏公傳》云：『平生所著，有《溝斷集》《臺史集》《近海集》《吴中稿》《華陽稿》《泉上稿》《家居集》《鄂城稿》《小司馬集》《金陵稿》《喪禮備纂》《慎言》《雅述》，總之爲《王氏家藏集》六十卷。又有《奏議集》《公移駁稿》《覆奏語略》《歸田集》三十卷，皆行於世。』與底本差異較大，録之備參。

## 何瑭

何瑭，字粹夫，河内人也。弘治十四年舉鄉試第一，明年爲壬戌，登進士第，改翰林庶吉士。又三年，授編修，喜讀書，不爲章句，每下帷，諷咏至累月不窺盥櫛，其精志如此。

毅皇即位，瑭上《史職議》，其略曰：『古者，王朝列國，皆有史官，掌記時事。國朝設修撰、編修、檢討，謂之史官。俾司紀録，法古意也。如皇祖時劉基條答天象之問，上悉付史館。文皇時，王直以右庶子兼記注，凡聖政聖訓之當書者皆録之，以備纂述。由是推之，史官之職，在國初猶未失也。不知因循廢墜，始於何時，沿襲至今，未克修舉。伏望敕令修撰等臣番直史館，凡陛下之起居，臣工之論列，大政之因革弛張，大臣之陟降進退，皆令據事直書，不須立論褒貶，仍以簡牘之尾書曰某官某人藏之匱櫝，以待他日論述擇取，庶上則聖君賢相嘉訓懿謨不至沉淪，下則憸夫小人畏懼謹戒罔敢放恣，是朝廷無虛設之官，人臣免素餐之愧矣。』不報。明年，預修《敬皇實録》。三年，爲會試同考。《實録》成，遷修撰。是時，逆瑾專政，諸公卿入見皆跪，獨瑭不屈。瑾不悦，瑭出遂上疏乞休，許之。瑾誅，復史職。六年，四方賊起，瑭上弭盗三事。八年，直經筵，進諫忤旨，出補開州同知，遷東昌同知，尋乞歸，乃卜居邑之南村，四方從學者甚衆。瑭以大學條領立爲訓格，究解經旨，常曰：『汝輩但務此，以充涵養，則進取自裕。』十六年春，父卒，瑭輟講，哀毁骨立。

今上即位之二年，起爲山東提學副使〔二〕，以憂不赴。明年，改浙江提學，遷南京太常寺少卿兼署南京翰林院事。六年夏，進本寺卿。秋七月，復轉南京工部右侍郎，奏革神帛堂暨九庫羨餘機户夫役絲料，省金數萬。會尊親禮成，推恩贈父爲右侍郎，封母爲太淑人。是年，改工部右侍郎，尋改户部，以官民財用空虚之故，著論八篇。逾年，改禮部右侍郎，以疾請告，御史毛鳳韶疏瑭敦樸正大，允宜邦禮，改命在京調理，已而遷南京右都御史。瑭辭請益力，始許致仕。兵部尚書王廷相又薦瑭道純行修，通達世務，與之咨論政事，據經按史，檢括參合，不迂不執，卓有劑量，且於天下之物，澹然無欲，自一身之外，視之漠然，雖衣冠裳履，具飾而已。即此一行，可以滌清濁俗，廉勵貪鄙，况所學可以俾佐治理乎！此通經學古、謀謨廟堂之臣也。使其進用供職，必能竭忠盡節，以弘道化，如有失身債事之咎，當罪連坐，以懲失舉。疏入，上方召用，會母卒，瑭先有足疾，至是祖跣重傷，至廢坐立。二十二年九月晦日卒，卒之前三日，有星霣於郡西，年七十歲。上聞訃悼惜，賜祭葬，録孫懿爲國子生。所著有《陰陽、律吕、儒學管見》三卷，家訓、家譜二卷，詩文集十卷，行於世。

論曰：何公守身之潔，一介不取，蹈道之堅，百折不回，非聖門所謂狷者乎？使其鵠立臺端，多歷年所，必上能明朝廷之法紀，下能起天下之頽習，然不幸一麾遠出，偃蹇白首，卒不能一信其志。悲夫！

【校記】

〔一〕『山東提學副使』，《明世宗實録》卷五、《明史》卷二八二《何瑭傳》、《國朝獻徵録》卷六四《何文定公瑭傳》、

《明儒學案》卷四九《文定何柏齋先生瑭》均作『山西提學副使』，底本誤。

## 王尚絅

王尚絅，字錦夫，郟縣人也。弘治十五年進士，除兵部職方司主事。明年，罹父憂。正德三年，調吏部稽勳。四年，陞驗封員外郎，尋遷稽勳郎中。尚絅在郎署，清明藻鑒，臧否人物，賢者即毀不得而奪其美，不肖者即譽不得而益其能，其大有裨於銓衡也類此。七年，出補山西布政司左參政。尚絅以大母李、母聶俱垂老，不能迎養，乃引疾還。十三年，以原官調四川，尚絅封還部檄，不起，安處衡門，以明退素，俯視囂世，一塵不營，時乘驢出遊扈澗蒼山，或及暮而返，或數日乃歸，人亦不之異，亦莫之知也。又開渴睡洞以澄清神思，構馬牛亭以遣除世慮，築讀書臺以尚友古人，游心於天地萬物之表，而莫之與競也。尚絅歸十有七年，其知而薦者累二十餘疏。嘉靖初，上搜訪遺逸，復除陝西左參政。尚絅不得已而往，再遷浙江右布政使。逾年，卒於官，年五十四。有集十二卷，刻於家。尚絅既卒，撫按乃建祠於蒼山之麓以祀之。子同，海州知州。

論曰：余聞蒼谷公貞孝恬退之志，老而不渝。郡人至今猶誦其德。及覽遺文，益信。嗟乎！古所謂鄉先生没而祭于社者，其斯人歟！其斯人歟！

# 和

# 卷之十四

孟洋　馬卿　田汝耔　張士隆　王相

## 孟洋

孟洋，字望之，信陽人也。弘治十八年進士，爲行人。時内弟何景明方有俊名，與其友李、王、崔、田輩相切劘爲文章，揚榷風雅，以相振發，京師稱十才子云。已而，洋選爲御史，即抗疏劾大學士梁儲、靳貴。上怒，下詔獄，謫桂林儒學教授。天下皆高洋之節，而諸子者，亦各以氣節自著，不獨稱才已也。洋由桂林稍遷汶上知縣、嘉興同知，擢湖廣按察僉事，持憲專決，耻唯唯恭遜，意少拂，弃其官而歸。嘉靖初，以臺臣薦，起山東僉事，歷陞陝西參政，拜都察院右僉都御史，巡撫寧夏，尋改督儲。洋在南京，一日聞母病，即解印還。或以職守難之，洋曰：『吾安能顧此耶？』已就道，而僚友有不及知者，中途改總理河道〔一〕，復值郊恩貤封，洋乃躬捧冠帔至家。

逾四旬而母殂，服闋，拜南京大理卿。無何，病卒。所著有《有涯集》十七卷，刻於家。

【校記】

〔一〕『總理』，《國朝獻徵録》卷六九所録嚴嵩《孟公洋墓誌銘》作『督理』。

## 馬卿

馬卿，字敬臣，林慮人也〔一〕。父圖，沁州知州。卿少而穎敏，甫十年，圖示以經書大旨，即曉析已，摛文清峻。弘治初，年十七舉鄉試，兩試春官不利，卒業太學。時臨清王佑以貢至，卿察其博覽有行，遂及張士隆、田汝耔輩講《易》于王氏。十八年，會試中式，入對大廷，策問：『道未行，法未守。』卿答曰：『政事之柄，握於司禮；刑法之權，移於廠衛。』蓋切中時弊，賜三甲進士。大學士劉健覆閲卷，奇之，改庶吉士。

正德二年，授户科給事中。六年同考會試，未揭曉，禮部移文内簾，主考學士靳貴奴泄試題於常州舉人某某，受千金，主考劉忠驗號，一人中式，比填榜，黜之，曰：『用戒黷貨者。』已出院，卿疏請究之，竟坐奴罪一舉子充吏，貴大愧恨，吏部遂以卿爲大名知府。是時，薊盜大亂，大名乃午達之途，戎馬充斥，又值凶歲，卿至郡，修城浚池，礪器募兵，以令陳智、教諭陳恫爲總領，親閱能否，大彰賞罰，人思奮力。東明小邑，賊攻圍十有二日不拔，遂去，相戒勿入郡中。卿復請留運米若干斛捄荒，得報自散之無餘，侍郎王某掌賑濟，怒卿之專，入境見道樹不伐，民安不流，乃更稱其才。初，遼東寧杲自御史傳陞僉都御史，已除名，潛居京師，厚賂閹永，求復官擒賊，永諷諫官薦之，卿適在工科，同官有及之者，卿奮袂而言曰：『世果無人，寧用駑如卿者可也，畿内可復令渠壞之耶？』已而傳旨復杲僉都御史，巡撫真定，并討群盜。杲必欲中卿以危法，至大名，摘疵索瘢，威脅語侵，卿不爲動，亦無從得間，乃令供軍需二千金，卿謂必得印信公移乃敢發，卒如請。

十年，進浙江按察副使，温處兵備。孝豐湯氏作亂，莫克平者，卿至，上議曰：『湯氏自知罪大不赦，弗一日而忘死，則爲備必深，凡孝豐在官者皆與通，我有作，彼必知之。今糧差不及孝豐，湯之故也。豪右名曰讎之，寔欲存之，以便己，况法弛綱頹，民畏湯如虎，而眇官如羊，夫千里襲人，情必先露，山路險狹如鼠鬥穴，林木蔽翳，可以設伏，彼安居以待，我竭力以攻，或遭連雨，勢難持久，皆我之所忌也。然度彼之勢，敗形亦多，負險固守，聚而不散，則可圖；拒命假息，多疑少决，則可劫；素雖桀驁，未見大敵，則可威；收召豪傑，引結讎家，明示利害，公出刑賞，則可用；榜諭諜説，降赦迷誅，我威既振，彼思自脱，則可離。皆彼之所忌也。夫用兵者，不以短擊長，而以長擊短，則兵未接而勝已定矣。』時不能用。明年，改山西提學，轉參政。晉國發喪而葬，妖民張鉞欲乘虛取會城，張旂舉號，卿先知之，有備，鉞不得發，御史不然，後行部爲鉞黨所攻，幾不免，乃大索賊，忿將多戮，卿又從容開釋無辜者甚衆。

嘉靖二年，進浙江右布政使，中官張志聰、吴勛造幣于杭，自擅權利，又縱行頭，色料既不中程，而盈金以逋〔二〕，十年不訖工，卿莅之，乃與御史歐珠協之裁抑，檄杭守查仲道以平價易色料於商，他無與也。中官奏卿及仲道抗違新命，凌忽欽差，有詔逮卿及仲道，下詔獄治。卿及仲道各認爲己罪，珠疏救，卿謫鶴慶知府，珠、仲道亦坐降調。卿歸，省親會友，飲燕甚適。知州圖臨别，笑語之曰：『丈夫志在萬里，如雲南，直履堂奥耳！』至滇，見鎮守中官不答禮，卿立而言曰：『吾不過再繫而已矣。』中官改容謝過。鶴慶民樸，而士少文，卿推誠布化，抹殺煩苛，均徭平賦，通道水利。漾江西至登和，地亢而藉潤，桔槔勘濟，詢之土人，云惟麗江可疏而灌之，然異境民私之而壅其流，卿乃移文麗江，委官作漾江堰，高丈許，闊如之，沿江鑿渠，深闊幾丈，旬日而就。暇則教誨生徒，講授《大學》《中庸》，又諭之以文，曰：『古之學者，首之六藝，近事也；繼之六行，崇本也；至六德，考厥成矣。今習課試之文，科第爲志，官禄爲功，及幸一第，筌蹄盡廢，名曰舉業之弊；綴砌爲文，偕偶爲詩，拾古人之餘，敝一生之力，不足以覆瓿，名曰詩文之弊。晚宋陋儒浚伏羲之畫，轉濂溪之圈，不反身心，但求毫楮，今又嚌其糟粕以自迷，名曰理學之弊。宋之四子，翊道之功大矣，造詣深矣，乃有入室操戈之徒，呰張詆邵，右陸左朱，肆怪僻以高而忘其履之卑，此過門不入，吾不憾焉者也。或有己則不學，專以非人，凡人之善，曲爲巧詆，諸生能如古人之學，聖賢何患而不至？舉業資也，詩文藝也，性理本也，天下之善，吾師也。』又令行鄉約，郡人化之。土官鳳朝文及安銓叛，或指卿間道可逸也。卿厲色曰：『丈夫不死國而死家者何？』麗江土官木公之妻，朝文之女兄，衆畏其兵悍，視其順逆爲從違。卿約會兵境上，告之曰：『汝兵誠精，然賴累朝恩命而然。汝叛朝廷，兵不能叛汝耶？汝受厚恩而忘之，兵受汝恩與汝之受朝廷者厚薄不待較，一旦反噬何難？麗江人欲得汝之處者何限？顧畏朝廷威鎮之，且朝文不有其君，與其兄何有於戚？即事成，容能處汝下乎？君乃北面而事之乎？』木公感泣，出兵二千往援會城。滇人曰：『麗江兵故難調也，由是二酋失助瓦解矣。』

七年正月，遷雲南布政司參政，再遷按察使，委看平蠻功過當實，當道器之。御史劉臬薦卿宜亟召還貳六部，贊國大猷；巡撫大同蔡天祐薦卿自代，謂卿氣量可以消反覆，才略可以理紛結，不報。明年，轉福建右布政使，尋進南京太僕寺卿，丁外艱。十六年服除，起光禄寺卿，遂擢右副都御史，總督漕運，巡撫鳳陽地方。卿至淮，會漕塞，議者紛紛謂復海運、開濟汶，卿謂六月無漕，京師困矣。姑紓目前之急。乃疏黄河故道而固堤，毋令走泄。未幾，漕利，上錫白金、綵段，奏除淮揚軍餘無田子粒，凡若干兩。又請餘鹽并鈔關銀賑濟，僅畢事而卒，年五十有八。

【校記】

〔一〕『林慮人』，明郭朴《郭文簡公文集》卷一、《本朝分省人物考》卷八九、《中州人物考》卷四作『林县人』。按，林慮乃林县古称。

〔二〕『盈金以逋』，《國朝獻徵録》卷五九所録朱睦㮮《右副都御史馬公卿傳》、《本朝分省人物考》卷八九『盈』作『挾』。

## 田汝耔

田汝耔，字勤父，祥符人也。博聞喜經學。弘治十八年舉進士，授行人，尋拜給事中。是時，權閹竊政，朝紀乖紊，官惟附權潤己，汝耔挺立其間，絶請謁。雅好何舍人景明，每兩人浮白吟詩，慨時自憤曰：『引裾請劍者，固丈夫許國爾。顧事不當其會，而情不中其款，雖殺身無益，益彰主過耳。』頃之，值端揆虚位，争進者日喧於朝，汝耔上疏言當用大臣以忠諫去位者，如韓文等，遭旨斥之。又劾武帥時源恃功淫縱，遂遷江西提學僉事。江西乃文獻之地，士多易直，不尚請托，提學官校試列第，不合素所評，輒出辯詰，往宦之者先陰訪衆議，參以今試者，列其名。汝耔惟據試文，雅好秦漢諸家書，以舉業譽者，汝耔病其腐，置下列。嘗遵敕薦知府伍文定、同知曹琥等四人，學官十二人，及退居御史宋景、逸士某，劾知縣及學官不職者十餘人，憲臣及僚儕惡其侵官，乃共升謗當考官。時南臺劾之，調山西。方謗起，共欲擠陷，然止言其乖方，他無可擿者，古所謂因貶見褒者歟！自山西遷湖廣副使，皆理獄訟，清屯田，修水利，権庾儲，事靡不飭。前後休疏三上，乃得請，時年四十五。既還汴，力田養母，杜門讀書，誦聲琅琅聞户外。病六經庸學傳注紛如靡統，字稱句品，思輯成一家之説，僅畢《周易纂注》而已。弟汝棘，兵部司務，以詩名，有集若干卷。

論曰：夫給事中、御史乃朝廷風紀之司、耳目之寄也。孟公輩剛方不撓，搏擊貴要，其猶太阿、莫邪之鋭，使人畏而莫敢攖也。以是不能安其位。嘉靖間，廷臣屢薦，上意方嚮用，而三公相繼物故，悲夫！悲夫！三公雖不獲竟其才猷，然各有著述，亦足以自慰矣。

## 張士隆

張士隆，字仲修，安陽人也。性警敏，書再經目不忘，古人奇文奧旨，覽即通解。弘治八年中鄉試，又三年喪父，制闋，奉母攜弟妹卒業太學，明年試又不利，與三原馬理集友講學，士隆獨持議曰：『諸君日端默戢戢，可謂能閑其心矣。要須於事爲驗其實，身與世爲二理，與事相乖，非聖人合外内之道也。』十八年，士隆舉進士，授廣平推官〔一〕，治尚明嚴，吏民畏之。

正德七年〔二〕，拜監察御史，朝臣各立從，或托門生，或以鄉里故知附大臣，大臣亦利其偵事而飾己私也，士隆惡之。光禄卿李良素事少師劉健甚謹，健喜愛良，由是得美遷，又以女字健之孫，健以直諫爲劉瑾所逐，良詐言女死，乃他適。士隆上疏劾良，且曰：『使今大臣知彼小人，終必相負，盍早絶之，而遑遑乎延正人也。』良竟坐罷去。八年，巡察河東鹽法，運使劉瑜貪〔三〕，而善交權貴，士隆劾罷之，革豪右、嚴取矖、均支給，鹽政大振。暇則建正學書院，聚徒授經，又鑿青石槽、開茅津，皆爲大衢，民甚便之。九年正月，乾清宫災，士隆諫曰：『陛下前有逆瑾之横，後遭薊盗之亂，既不知警，方且興居無度，暱近匪人，積戎醜於禁中，戲干戈于卧内，徹夜燕遊，外見烟燎，内廷大興土木，權豪競尚華侈，親信内臣取貨于外，又扣軍糧，皆名進貢，織造龍幄，科害靡極，鄙猥無聞，使之巡撫，納銀指揮，授之政事，盗伏而虜發，民竭而兵罷，守法御史如劉天和則就逮，張璞則死詔獄，閭閻之苦，禍機之畜，皆不知也。今宜痛懲前弊，更宜克慢絶淫，早朝親政，講官説經，師保論道，究精一之傳，考興王之故，以表率天下。褒衣博帶之雅，孰與市井狡獩之群；廣厦細旃之樂，孰與邊徼凶危之隊？』不報。

明年，巡按鳳陽織造，中官史宣酗酒作威，大括民財，荷黄梃二〔四〕，曰上所賜，有拒令者，杖殺之無論，自都御史以下，皆不敢禁。士隆奏之，且列其賄若干。十一年還，守道事有張順者，京大猾也，隨中官守雲南，毆門子死，潛回京避之，雲南守臣移文逮之甚急，乃出以二隸押送，至桃源，重貨二隸，竊取淮上丐者斃之，二隸告順死，勘實給文歸，已三年矣。士隆閲案，疑之，密廉之數月，果得順坐殺二人罪，士民大悦。時錢寧大有寵，賜姓朱，而廖鵬附之。初鵬以中官廖堂爲兄，鎮守河南，鵬凶殘，積金如山，既敗，又以鑾爲兄，鎮守陝西，而其子鎧用事，鵬復謀入錦衣理事，傾財納結，自師保元臣，相與接席酣飲，或至旦。士隆率諸僚疏其罪，且曰：『堂來鑾往，兄甫罷而弟嗣任，鵬内鎧外，父制中而子擅利，鵬毒河南以起内盜，鎧毒陝西必召外虜，朝廷豈無他才，專用一族，兩省亦有何罪，日受百害邪？』鵬、寧大恨，罷職。御史薛鳳鳴殺人爲巨盜被逮，又夜自殺二婢子置朝門外，懷牒訴其冤。鳳鳴素事逆瑾致富，又凶愎，當案者即遜去，累年不決。都御史彭澤以獄付士隆及許御史完，掠治取服。鳳鳴知事急，貨錢寧，以其妻女往要之。寧受鳳鳴愬，爲上奏，乃下士隆及完獄。七閲月，士隆謫晋州判，完謫定州。士隆既之晋州，教民耕桑，如《齊民要術》之法，歲果倍入，民用殷富。是年，滹水决，數縣咸災，士隆奉臺檄往塞之，績成，遷知州。

今上即位，誅竄奸宄，伸雪冤抑，士隆復御史。所司忌士隆才，擬遷知府，太宰石珤曰：『凡官，居者悉以資深超用，而謫者、罷者猶以淺資拘常調，是佞者常伸而忠者常屈也，何以勸爲？』乃得漢中兵備副使。其地居終南、太白間，西南連蜀，東接鄖豫，山巘業羅立，山中長廣數千里，有良田美隩、長林茂竹、文貍蔚豹，逋逃者往往擅以爲業，歲貨軍官與通，則吞併弱小，藏大盜伺便出掠，又好報讎殺人，急則生變，朝廷特置都御史鎮之。士隆至，首按軍官，殛貪用良，賊有王大、王二、閻仲良，結回回爲患，官不敢捕，所在皆立親識，急則投匿，號曰賊主。士隆召主，諭之曰：『汝能擒賊，即汝功，吾賞若重，否則吾率軍焚山，汝等與存者幾何矣。』皆叩頭曰：『幸公活我，願效驅使。』居數日，各獻賊。士隆又取賊主怙惡者十餘家，破滅之，遂大安。乃堰嚮水，溉田千畝，立堤防溢。又修雲霧水，未成而卒，年五十有一。

【校記】

〔一〕『廣平推官』，明崔銑《洹詞》卷五《亡友張仲修墓誌銘》同底本，《明史》卷一八八《張士隆傳》作『廣信推官』。按，明代設廣平府，治廣平縣，而廣信爲舊地名，明代無此建制，《明史》本傳當誤。

〔二〕『正德七年』，《亡友張仲修墓誌銘》作『正德壬申（七年）』，同底本；《明史》本傳作『正德六年』，又《明武宗實録》卷八二正德六年十二月條云：『授行人潘鵬、唐鳳儀、朱昻、李翰臣、張羽、推官張士隆……爲試監察御史。』則張士隆拜監察御史在正德六年十二月。底本當誤。

〔三〕『劉瑜』，《洹詞》卷五同底本，《明史》本傳作『劉愉』，據《明武宗實録》卷一〇正德元年二月條云『陞銅仁府知府劉瑜兩浙運鹽使』，則《明史》本傳誤。

〔四〕『黄梃』，原作『黄挺』，蓋形近致訛，據《明史》本傳改。

## 王相

王相，字夢弼，光山人也。正德三年進士，授沐陽知縣。值歲荒，相設法賑捄，全活者甚衆。秩滿，拜監察御史，撫按山東，訪除民蠹，擿伏如神。至臨清，捕監宦稔惡者數輩，悉付於法，權倖震攝。及還朝，又劾錢寧、江彬，風采益著。無何，乃竟構陷被逮，謫高郵州判官，卒。相博聞有精鑒，初少師張璁以落第候除，相遇於逆旅之舍，見其貌奇之，謂璁曰：『子它日公輔之器，願少需，勿輕就也。』璁曰：『我囊金罄，不能還。』相曰：『計費幾何？』璁曰：『約得三十金足矣。』相即如數貽之，俾歸俟時。後數年，璁果舉進士，授南京刑部主事。嘉靖初，議大禮，璁所言上多采納，累進大學士。乃上疏：『相以忠鯁罹誣，宜有恤典。』詔贈光禄寺少卿。

論曰：張公正色昌言，首排權倖，逮繫瀕危。王公亦以糾彈爲群小所陷。二公忠誠慷慨，即古之節士，亦何加焉？《傳》曰：『苟利社稷，死生以之。』其二公之志乎！

# 卷之十五



## 張衍瑞

張衍瑞，字元承，汲縣人也。祖傑，監察御史；父繼，湖廣左參政。衍瑞舉弘治十八年進士。明年爲正德改元，授清豐知縣。以勘事執法，爲逆瑾所惡，矯旨下詔獄，楚毒備嘗，瀕於死者數矣。瑾誅，赦出，歷陞吏部文選司郎中。十四年，毅皇自榆林還，復欲南狩，時寧藩蓄逆，上下以爲憂，大臣科道交疏留，不聽。江彬輩又從臾詔，以三月壬子駕出。衍瑞曰：『即畏罪不言，寧不爲宗廟朝廷慮乎？』乃抗疏率同官六七輩赴闕上之，大略言巡遊費財動衆，宇縣騷然，而隱憂伏禍且不可測。上亦不許。明日，諸曹屬各又上疏諫，前後百有七人，詞益亟切。上怒，罰跽門五日，而京師忽風霾晝晦，禁内海子水溢，高四尺許，橋下七鐵柱折，有金吾衛指揮張英者，以是爲變之明驗，乃肉袒戟刃于胸以死諫，上大驚，詔諸言事者各杖三十，倡之者謫外，衍瑞得平陽府同知。今上即位，召復原秩，尋擢太常寺少卿。逾年，卒。於是言官疏衍瑞負性忠直，兩遭困厄，宜加褒恤，以勵臣工，詔可，贈太僕寺卿，仍賜祭葬，蔭子。先是，衍瑞同邑人劉珏以貢士任刑部照磨，亦以諫止南巡，杖卒，贈刑部主事。

## 張原明

張原明，字孟復，儀封人也。正德六年進士，授刑部主事，歷陞郎中，清嚴明慎，江彬、錢寧嘗以事請謁，原明悉峻却，彬、寧銜之。十四年，毅皇南巡，衆情洶洶懼變，於是原明與郎中陸俸等合疏入諫，意指近倖蠱惑。上怒，罰跽門五日，杖三十，奪俸六月。及彬、寧事敗，原明補四川按察副使。今上嗣位，旌其忠，原明特加正三品俸，尋陞甘肅行太僕卿。布衣張紳獻書闕下，言原明、李時、董玘輩宜屬以軍國大事，不報。後數年，原明累遷陝西左布政使，以疾乞休。詔進光禄寺卿。孫鹵舉進士，嘗尹高平，有卓異之蹟〔二〕，擢禮科給事中，累遷吏科左給事中，所上數十疏，皆切中時弊，雖批逆鱗弗計也。

【校記】

〔一〕『蹟』，《本朝分省人物考》卷八六作『績』，義勝。

## 劉校

劉校，字宗夏〔一〕，鄢城人也。幼篤殼，稍長嗜學，無間晝夜，以孝友忠義自勵。母安人訓之嚴甚，意少拂必跪請移時乃已。處弟栻、朴亡私藏，一日奴留牙筯一束于寢，驚曰：『此離析漸也！』笞出之。正德六年舉進士，明年授刑部主事。迎父就養京邸，至定州卒，校即跣奔抱屍一哀而絶。已稍蘇，視面目有塵，餂拭之。奉其喪歸葬，服闋，仍補主事。校在刑部，决獄明允，不以上官之意向改法，上官雖弗説，亦不能軒輊也。十四年，毅皇南巡，校與郎中俸、原明輩進諫，語切直亡諱，上怒，罰跽門五日，已復杖之，奪俸六月。越二日，校卒，是爲四月辛酉也，年四十有三。初僚友具疏草，子元婁年十一，侍側閱之，校叱曰：『遠之，豈汝所知？』及跪，或有憂色，校朗誦文忠烈『留取丹心照汗青』之句，聞者悚然。及杖將斃，乃仰天大呼，以不及見母爲恨，且顧元婁曰：『善繼我志，善事若大母與母！』元婁痛苦號呼。復張目叱之曰：『若讀書固不多，豈不知事君能致其身邪？』語畢而逝。今上即位，追獎諫者，校贈奉議大夫、尚寶寺卿，遣官諭祭於家，録元婁爲國子生。

【校記】

〔一〕『字宗夏』，《明史》卷一八九《劉校傳》作『字宗道』。

## 李惠

李惠，字德卿，祥符人也。兵部尚書鉞之子也。鉞嘗總制三邊，有治績，卒謚恭簡。惠，正德十二年進士，授行人司行人。值車駕南狩，惠抗疏諫止，上怒，廷杖卒。嘉靖初，贈監察御史。子弁，以蔭仕至姚安知府。

論曰：正德末，錢寧、江彬濁亂朝紀，導上游畋，而寧庶人潛蓄異謀，厚結近侍，伺上南巡，請幸其國，盛飾苑囿器玩，備供御，果中則挾主威而令天下，一旦大位可圖也。張公輩知駕出必危，故合詞入諫，雖被譴責，上亦不果行。庶人計既沮，反迹益彰，遂稱兵南向，旋即就戮。於戲！諫者或死或不死，其志一也。《書》所謂『自靖，人自獻於先王』，張公輩之謂乎！

## 許逵

許逵，字汝登，固始人也。正德三年進士，授樂陵知縣，以靖寇功陞山東按察僉事，尋進江西副使。會寧庶人宸濠謀逆，横斂剥民，王府人暴甚，白晝市殺人，奪人財産，諸守臣皆畏禍遜避，禍陰附之，逵獨縶縛其黨，禁抑不少假，濠深憾，思欲殺之。宦者劉吉曰：『逵一人不足計。』乃與南昌人劉養正、王春爲濠畫策，曰：『如欲舉大事，請先復故護衛，幸許，吾有兵矣。其它以次圖之。』濠悦。是時，天子嬖倖都督錢寧、樂官臧賢，兩人擅權用事，濠使使持重貨賂兩人，兩人又爲賂兵部、内閣，遂得旨准復護衛。濠見計遂，爲謀反滋甚，乃招納四方有罪亡脱及勇力才藝之士若干人，爲衣食居處，諸司頗覺，然不敢言也。無何，餘姚孫燧以都御史巡撫江西，逵屏左右告之，燧曰：『爲之奈何？』逵曰：『宜先發後聞耳。』燧曰：『未可，其善圖之，俾潛消逆謀也。』逵知言不行，乃下檄諸屬州縣，無城者亟築，無糧者亟蓄，無兵衛者亟選練丁壯，居僻治遠者爲奏立縣治，以便約束，於是進賢有城，安義有縣，縣各有兵，兵各有餉。久之，逵詗濠謀益著，乃言於燧，令兵局徙置他所，復下檄諸郡設兵備焉。時南昌人張儀官於京衛，具以事告御史蕭淮，淮以聞，詔遣太監賴義、駙馬都尉崔元、都御史顔頤壽往戒諭之，未至而逆校林華自京師馳報，濠懼，乃召吉等議之，曰：『今使者來即訊我，我事去矣，不如遂反。』翌日，適值鎮、巡諸司入謝生日宴禮，濠陰令諸兵校衷刃匿幕中，出立露臺上曰：『今天子巡幸在外，太后有密旨，召我監國。』燧曰：『請密旨，令衆觀之。』濠不答，乃復問逵，逵曰：『安得此悖妄之言乎？吾有赤心耳。豈從汝反耶？』濠怒，喝武卒縛逵并燧斬之。逵顧燧曰：『早聽我言，當不至此！』既就縛，慷慨大罵曰：『我則死矣，汝逆賊亦當旋死。』自府中出道行，比受害，罵不絕口，挺立死惠民門外。是爲十四年六月十四日也。濠復竿燧并逵首于通衢者三日，江西人思其遺愛，痛其忠烈，殮二人屍，供奉佛寺中。時省司諸臣皆就執，繫獄。濠即授劉吉等僞官，令人詣兵局取兵，無有，乃括民間農器炊釜造兵器，歷二十日始就，登舟趨南京，至安慶，提督汀贛軍務王守仁及諸處義兵數萬相繼而至，所過供餉不乏，皆逵前爲之所也。秋七月，守仁克復省城，其部下知縣王冕生得濠於鄱陽湖以獻，於是省城内外，人皆素服哭奠於逵所。守仁命有司歸葬，又疏奏其忠烈。今上即位，累贈禮部尚書，謚忠節，詔江西立祠，賜額曰旌忠，蔭子瑒爲錦衣衛正千户，世襲。

論曰：余聞許公之被害也，先數月以文山詩一帙寄給事中張元傑，外有題封，而内無簡牘。元傑曰：『寧邸其殆有變乎？汝登其殆爲文山乎？』未幾，果然。於戲！死生亦大矣，當濠之未叛也，公苟欲全生而去，孰能禁之乎？乃日訓兵儲粟，設縣築城，密授方略於諸長吏，卒使逆謀不遂，國賴以寧。是公之死，有重於生者矣。顧家狀不詳其事，余故備録，以彰公先識預防之功若此云。

## 李情

李情，字宗善，靈寶人也。弘治六年進士，授監察御史，彈劾不避寵戚，擢湖廣按察僉事，改山西，風裁益著。逆瑾摘其失，謫驛丞。瑾誅，復僉事，陞江西副使。正德八年，情以兵備守萬年，初賊黨胡念二等陽從撫，實懷異志，雖設縣分司以羈縻，而賊視官若無，所置吏胥又多賊黨，以故司府動息必聞。是年八月，提督軍務總兵李鋐卒于師，念二等乘夜縱火樊燒〔一〕，公私廨宇殆盡，遂殺情及饒州府照磨馬驄，吏卒死者甚衆。上聞震怒，命右都督劉暉代鋐帥所部兵剿之。明年，盜平，情贈江西按察使，録子一人爲國子生。驄，尉氏人，以公役至萬年，故遇難云。

【校記】

〔一〕『樊燒』，當作『焚燒』。

## 王冕

王冕，字服周，洛陽人也。正德十二年進士，授萬安知縣。逾年，宸濠叛，所過屠燒無孑遺，諸郡縣長吏多望風潛走，冕聞變即奮義，募勇得死士數千人，會都御史王守仁帥兵至，冕以衆從，時我軍已復南昌，濠解安慶圍還救，至鄱陽湖，兩軍相拒，濠盡出金帛犒士，殊死戰，自晨至午，我兵不利，守仁憂之。俄而風順，冕密白守仁，以小艇實葦於中，擬建昌人語，就賊艦，乘風舉火，濠兵大驚，遂潰敗，焚溺死者無算，濠易舟，挾宫女四人而遁。冕追及，濠投水，水淺，濠不死，遂并宫女執之，檻送京師伏誅。嘉靖初，論功，守仁封新建伯，其下爵賞有差，而冕仍知萬安縣，久之，稍遷兵部主事，命守山海關。甫五旬，而妖卒作亂，侍吏欲拽冕趨避，冕曰：『不可，吾有親在。』乃亟趨母所，執兵以衛。賊至，執之，以刃脅，不從，遂見害。守臣疏聞，詔贈光禄寺少卿，仍命有司建祠祀之。子西星，舉鄉試第一。

論曰：宸濠初謀逆時，招納叛亡，以爲穴窟，屠燒劫掠，終歲不寧。當事者乃皇皇以彌盜爲謀，於是李公有萬年之役，不幸遇害。悲夫！悲夫！王公倡義募勇，手縛渠魁，其功鉅矣。然不録者，豈遺之邪？抑忌而擠之耶？要之，二公皆以濠事顯名，又皆死難，故以類附焉。

## 馬録

馬録，字君卿，信陽人也。正德三年進士，授固安知縣。邑當南北衝劇，頗號難治。録明習政體，周察人情，廉明惇信，士民悦服。逾年，冀寇作亂，襲破固安，録被執，入見卧内無長物，寇賢而釋之。再逾年，徵拜監察御史，督理山東馬政，以内艱歸，免喪，出按江南。

時上改元嘉靖之初也，遣使捕高唐州官屬，連坐者五百餘人，中外大駭，録上疏止之。其略曰：『夫法者公器，天子不得而私也。昔漢文帝欲重懲驚馬之人，張釋之爲廷尉，執法不可。文帝從之。故千載以爲美談。我祖宗監古爲治，内設三法司，外設撫、按官，無非冀刑清獄平〔一〕，使天下無冤民耳。先帝時，劉瑾專權於前，錢寧竊柄於後，張鋭、張雄等依附作威於其中，蠱惑朝廷，動差錦衣官校四出提人，天下洶洶，幾壞國事，幸賴陛下登極，袪除舊弊，人始安堵，不意復有高唐之命，人情且驚且疑。當此新政之初，恐非所宜有也。伏望陛下自今以後，擴弘人之度〔二〕，慎法令之施，遇有罪人，内則付三法司，外則付撫、按官，即無不可治之人，亦無不可行之法矣。惟陛下垂察，以杜將來多事之漸。』上從之。

六年〔三〕，按山西，妖人李福達事覺，録捕抵法。初福達以丹術干武定侯郭勛，勛奇之，因相與頗密，及被繫，勛乃移書請貰。録大怒，劾勛庇奸亂法，勛皇懼入辯。上疑，復屬法司，於是刑部尚書顔頤壽、都御史劉文莊、大理卿湯沐等會鞫，俱入録擬，而給事中王科等、御史高世魁等二十五人各又奏論勛先後十餘疏。上以人言衆，愈疑，而左右又有爲勛言者，乃令福達并勘官俱至午門覆審，以兵部左侍郎張璁署都察院、禮部右侍郎桂萼署刑部、少詹事方獻夫署大理寺。璁等鍛鍊傅會，盡改原擬，録與都御史李璋、少卿徐文華、給事中劉琦、御史程啓充盧瓊，按察使李珏、僉事章綸、都指揮馬豸等坐故入，俱謫戍。頤壽、文莊、沐與侍郎劉玉、王啓、孟春、閔楷、張仲賢，都御史江潮卿、顧佖、汪玄錫、余才，寺丞汪淵等坐推按不實，俱落職。科與都御史聶賢、給事中秦祐〔四〕、沈漢、程輅等坐挾私彈劾，俱編氓，福達釋歸，勛置不問，詔俱報可。璁等降敕獎諭，各賜衣帶銀帛有差。録既戍南丹，講學授徒，四方之士雲從，暇則娛情詩酒，無少怨，尤歷十七年以疾終，年六十有八。

論曰：嘉靖初，張璁、桂萼、方獻夫以議禮受知，驟致通顯，諸朝臣疾之如讎，璁等亦齗齗切齒恨之，會大獄興，三子乃協比傾陷以攄積憤，部寺而下，無不被楚毒者，衣冠之戮辱，可謂極矣。於戲！自古黨錮之禍雖由小人構致，實吾輩有以激之也。

【校記】

〔一〕『冀』，底本無，據《國朝獻徵録》卷六五所録朱睦㮮《御史馬録傳》補。

〔二〕『弘人』，《國朝獻徵録》卷六五作『弘仁』。

〔三〕『六年』，《明史》卷二〇六《馬録傳》作『五年』。按，《明世宗實録》卷七一嘉靖五年十二月條云：『山西巡撫都御史江潮、巡按御史馬録、兵科給事中鄭自璧等，及給事中秦祐……各疏劾武定侯郭勛交結妖賊李福達，蔑視國法，惡貫已盈。』則馬録於嘉靖五年十二月巳巡按山西，底本作『六年』誤。
〔四〕『秦祐』，原作『秦佑』，據《明世宗實録》卷七一、《明史》本傳改。

# 時植

時植，字良材，通許人也。父傑，知州；大父泰，布政使。植儀觀瑰偉，少以志節自負，僉事賈定器其才，以女妻之，顧數試不第，入粟補國子生，居常感激，欲奮拔樹功名以見于世。

正德六年春，授四川梁山主簿，潔身惠民，聲稱籍籍。時蜀寇方四北略漢中，東窺鄖襄，西薄重慶，巡撫都御史林俊率兵討之，檄植督饋饟，數加獎諭，會知縣闕，且偵賊出没鄰境，遣植還，至則增陴浚隍，廣儲峙，募勇敢，莅盟于戎，曰：『國家承平日久，民不知兵，賊醜乃敢厲民，違天天必厭禍，吾儕協心共濟，進畀退誅，懷貳者斬以狥，人皆震駴，罔不用命。』

十一月二十八日，賊薄境，植先伏鋭卒於多喜山，扼險要，自營于蟠龍溪，掎角以應。是夜，賊至，乃大舉火縱兵，斬獲數十級，餘遁去。慮其復至，乃於城周塹原絫石，起戰樓於城上，躬擐甲胄，指使戰守，屹爲保障，遣使請兵於俊，賊騎旁午于道，不能達。方四南攻忠州，憤敗于梁也，退合陳二兵復北寇。十二月二十一日〔一〕，趨城下，植繫印于肘，誓與存亡，率衆死守，梁城三面負山瞰溪，西門夷坦，受攻以身當其危，而南則義官曾明守之，方寇進攻，植命礮弩交下，遂少却，抵暮，寇營于石馬山。越四日，南城樓墉墮圮〔二〕，曾先以貨賂賊，得匿去，植哭之曰：『天也！』遂遣素倚信者，取子寵以隨，乃憑垝墉，率諸吏卒固守。又二日，方寇分翼夾攻，復督壯士五百出墉力戰，殺數百賊，蹀血波道，陳寇繼進，悉衆合圍，植知力不可支，乃左挈子，右揮戈以蔽，西門失守，遂被執，置寵於地，曰：『吾不忍汝生爲人奴，死於人手。』欲刃之，賊遽抱子奪刃，褫衣而灼其身，植仰天嘆曰：『嗟乎！植莅官不九月，而與賊拒者幾三旬，外援不至，民疲力殫矣。汝獨不聞檻蘭廷瑞于京師〔三〕、磔鄢本恕于襄陽乎？汝猶敢乃爾？我奮殺汝而反見執，辱及有位，灼何畏耶？』方寇壯其言，曰：『汝健男子，若能事我，妻子當更完聚，共圖富貴。』植瞪目大數之，寇知不可致命，卒斫其肩，顧印在肘，奪弗與，因并斫其首以死。時年四十有七。

方寇以子畀一老媪，復資金帛曰：『善育之，無使主簿無後。』賈氏在官廨，聞植既執，經于別室。賊至，縱火大劫，女九歲，哀母死，趨火就焚。後方寇入城，令所部敢有殺主簿家族者斬，卒具實告寇，嗟嘆久之，仍令撲其火，而所經室巋然獨存。越二日，援軍始至，植侄孫永壽始來，解賈氏，訪求植屍。初，賊退，醫秦覃購得之，容色不變，舁至廨所，同殮焉。歲壬申正月二日也。老媪負子道遇其母偕至，覃乃館穀于家。事已，巡按御史王綸疏聞，詔曰：『時植贈知縣，賈氏貞烈可嘉，女赴火死，俱旌表。』仍蔭子寵入監，所在給舟舉歸葬。後數年，梁人感德，建祠奉祀。

【校記】

〔一〕『二十一日』，《國朝獻徵録》卷九八所録朱睦㮮《四川梁山縣主簿贈知縣時君植傳》作『二十六日』。

〔二〕『墉』，底本無，據《國朝獻徵録》卷九八及下文『垝墉』補。

〔三〕『藺廷瑞』，《明史》卷二八九、《明武宗實録》卷六九作『藍廷瑞』。藍廷瑞，四川農民軍首領，明正德四年與鄢本恕等率衆起義，後兵敗被殺。

## 王邦直

王邦直，字國寧，磁州人也。父潺，府谷知縣。邦直生而駢脅，有神力，人稱王千斤云。弱冠補州學生，業已食廪矣，而非所好也，乃學騎射，窮韜略，有求試請纓，頸繫單于之志，日擐甲，令左右奉弓刀侍，其父見而異之。久之，潺自府谷遣歸，遇虜於道，發一矢不中，中石，石爲之泐，虜取矢視如扛，駭焉，遂不敢近。

嘉靖二十一年，邊警頗急，詔舉才勇，於是兵科都給事中戴夢桂薦邦直於朝，命詣大同贊議，總督侍郎翁萬達與語甚歡，乃延入幕府，以國士遇之，解衣授事，分坐談邊，邦直亦願以肝膽相歸，而益以義氣自負也。再逾年，諜報虜將入寇，萬達使邦直同參將張鳳率義兵五百人出塞外覘視，抵鵓鴿峪，闚山上賊數十騎往來，邦直蹙而擊之，無孑遺者，復見山下賊百餘奔焉，邦直與鳳謀可悉取殲之，從者曰：『千斤將軍功奇矣，可勿逞。』竟飛射以往〔一〕，逾峪口數里，忽至大陸，溝中伏兵約三萬騎，列兩大翼而陣，邦直激衆奮勇，以矢石急擊，而身自引弓射殺賊首。賊憤，合圍七重，戰三日夜〔二〕，邦直斬虜千餘級，會大雨雪，矢食俱盡，邦直潰圍而出，檢義兵從者惟王國順一人耳。邦直嘆曰：『吾與汝等初來，欲立功沙漠，以報主恩，不意衆寡不敵，損亡殆盡，且鳳既亡，而吾獨生存，耻也。異日何顔面以見軍門邪？』遂策馬復入賊營，力竭被害。虜固壯邦直，環其尸相視囓指，翌日，遂引退，我軍輿其尸而歸。既而有自虜中還者，云諸部落皆悲泣，謂是役死傷不可勝紀，自此虜數年不復敢犯，亦懲之之故。

初，邦直之死也，諸鎮士吏知與不知皆爲盡哀，萬達親爲文祭之。已乃上疏請録恤，又擬張世忠故事，乞謚表庸，官爲立祠，與張鳳並祀，而以李尚倫等八人附焉。詔從之，贈邦直都指揮僉事，建祠以祀，仍蔭子化熙爲潞安衛正千户，世襲。

論曰：人臣有封疆之責，統馭之任，遭世多故，或戮力戰禦，或倡義嬰城，不幸隳敗，則委身而殞，固其分也。然非忠誠感發，志意堅定，𢭏不偷生而鼠竄矣。良材抗聲罵賊，慷慨就戮，國寧奮勇殲虜，視死如歸，均之不失爲烈丈夫矣！

【校記】

〔一〕「飛射」，《國朝獻徵録》卷一一〇所録朱睦㮮《王邦直傳》作「飛騎」。

〔二〕「三日夜」，《國朝獻徵録》卷一一〇作「七日夜」。

# 卷之十六

王邦瑞　左國璣　李士允　高叔嗣　李承恩

## 王邦瑞

王邦瑞，字惟賢，宜陽人也。正德十二年進士，改翰林庶吉士。居父憂，起復，授廣德知州，復改滁州，俱有名稱。嘉靖初，陞南京刑部員外郎〔一〕，歷陞陝西按察司僉事、副使，俱督學校。又數年，陞本省布政司參政。丁母憂，服闋，陞都察院右僉都御史，巡撫寧夏。寧夏介在河曲三隅，逼虜境，烽火四時不絕。邦瑞既内治嚴，又能招攜夷黨，刺虜中事甚悉。每事先備，虜嘗乘冰一入，輒失利，遺其酋而去，不敢復近塞者，終邦瑞之任，西人語保障功者皆歸之〔二〕。陞南京兵部右侍郎，尋進吏部左侍郎。〔三〕

二十九年，虜乘塞堧之不戒，直闖近郊，居民大擾。上歷選在廷大臣可以批糾紛、持大計者，邦瑞遂以吏部左侍郎巡視九門，迺疏五事以請，陳營兵郭外，啓門納四郊避寇者，城中嚴兵諸門示威壯。已而，署兵部政，提督團營。又上六議，極論營務積衰之弊與作新之宜。上皆采納。更十二營曰三大營，設文武大臣各一，總其事。又設副將以下若干員，俱以邊將克之。邦瑞又請罷中貴人監軍，疏略曰：『今國家之所患者，惟虜所最甚，患者唯卒弗振。臣以爲斯二患者，非深患也，所謂深患者，唯在中貴人典兵權耳。夫今之團營，即漢之北軍、唐之府兵、宋之禁旅，所以衛京都、備不虞至重矣。其令勳臣掌之者，謂其明武略；其令文臣共之者，謂其督怠弛；其令中貴人監之者，謂其防壅蔽。總之以厲兵振威焉耳。乃者，胡馬來，臣調團營兵，令出城擊胡，而十二營半空見卒，又罷弱不任其鼓。夫卒至罷弱，罪屬之文武二臣，不得解矣。至空無人者，則乃中貴爲之耳。外語藉藉，咸以有爲輸錢脱更之弊。是本用監軍，反用蠹軍矣。陛下即若不赫然立罷之，則歲月既積，消耗益甚。假令虜踵前智，復射一矢于闕下，誰與驅逐？此可爲寒心者也。夫刑餘之人，典在傳公車之命，供掃除之役耳，令其參列壇場，固已虧體，而况于作蠹邪？臣聞久服之裘必敝，常用之器必缺，請罷中貴人，勿使更濫戎機，亦保軀善後之圖也。夫中貴人既罷，則什伍克實，即于什中選伍，于伍中選一，豐其饋饟，時其練習，即可得精卒，以精卒當强虜，何患哉！臣故曰二患非患，中貴人典兵權深患也。又觀在營諸將，徒善爲容，難以效實，臣欲調諸邊名將久處行間諳穰苴之略者，每營各置數人，而罷今之善爲容者，則李廣在軍而舞車之徒出，王翦開壁而超距之卒奮，所以攝外夷、安中國、滌舊耻、伸新威，計無急于此者。臣誠憤胡驕，志在忠于陛下，故縷縷如此。夫撩蠆之尾，必中其螫。臣豈不恤，顧令戎事坐而益壞矣，願察愚悃，降咫尺之詔，定萬世之規，臣不勝大願。』疏入，上即罷中貴人監軍，而戎政稍稍振矣。不旬日，虜亦退去。上懲邊備不嚴，乃戮主兵之臣，遂拜邦瑞爲兵部尚書，於是中外皆屬目，邦瑞亦以安危爲己任，乃復條陳安攘十二事。

會咸寧侯仇鸞者，提兵入衛，虛聲矜喝以罔功要寵，因而主戎政，勢張甚，睢盱朝著，間獨不便邦瑞。鸞欲節制九邊總兵，邦瑞不可；鸞欲變易邊將，邦瑞不可；鸞欲罷築薊鎮邊垣，邦瑞皆不可。當是時，百司患鸞桀驁，見邦瑞如是，咸爲朝廷喜，而諸知厚者又爲邦瑞危。邦瑞聞之，曰：『鸞禍心且不測，吾大臣自惜，其如國計何？』因上書訟言攻之，未幾，爲鸞所中，去位。

邦瑞去，鸞益横，後竟殛死。上乃思邦瑞言，且念其龕定功不置。三十九年，協理京營戎政員缺，上曰：『參戎重寄，非王邦瑞不可。』迺詔即其家起之。邦瑞至，上慰勞有加。逾年卒，特贈太子少保，謚襄毅。子正國，都給事中，以諫擢通政司參議。

論曰：余聞庚戌之秋，虜至城下，頗爲蹂踐，當是時，非主上明聖，王公經略，其患有未已者。究其故，頃歲以來，近塞之民往往潛詣虜中，有機警者反爲虜用，導之深入，蓋以中國賦法繁重，人無寧處，而虜俗自便，繇是去中國而安遐域也。於戲！用夏變夷，先王之治也。今夷至猾夏，夏且未夷，夷何制哉？是故金城湯池不足以言險，長劍大戟不足以言利，苟欲攘亂保邦，爲久安長治之計，其在愛養拊循哉！其在愛養拊循哉！

【校記】

〔一〕『南京刑部員外郎』，《明世宗實録》卷一二三有『南京吏部文選司署郎中王邦瑞』之句，《明世宗實録》卷五〇四、《明史》卷一九九《王邦瑞傳》作『南京吏部郎中』，《國朝獻徵録》卷三九所録郭朴《王公邦瑞墓誌銘》作『吏部文選郎中』。據上並檢《明實録》，未見王邦瑞任南京刑部員外郎之記載，底本疑誤。

〔二〕『西人語保障功者皆歸之』，《王公邦瑞墓誌銘》作『西人語保障功者前後多稱公』，義勝。

〔三〕『陞南京兵部右侍郎，尋進吏部左侍郎』，《明世宗實録》卷五〇作『遷南大理卿，入爲兵部右侍郎、吏部左侍郎』，《明史》本傳作『改南京大理卿。未上，召爲兵部右侍郎。改吏部，進左』，《王公邦瑞墓誌銘》作『陞南京大理寺卿、兵部右侍郎，改吏部右侍郎，轉吏部左侍郎』。據上，『南京兵部右侍郎』當作『兵部右侍郎』，底本衍『南京』二字，當删。

## 左國璣

左國璣，字舜齊，尉氏人也。生而穎異，七歲即能詩，解音律，讀書日數千言。弱冠如京師，就姊夫李夢陽學。六年業畢歸，補開封郡學生。

正德十一年舉于鄉，其聲稱籍甚，而四方好古之士，不遠數百里來訪，其至都下，諸公卿大夫又争迎致之，與之遊者或累日忘歸，獲其片紙隻削，輒藏以爲寶。顧數奇，累試不利，嘗詣東郊賦詩見志，曰：『驅車東城下，朝日耀門楣。輿馬塞中途，喧喧各有爲。而我念收穫，晨起亦來斯。昨見白露零，今見繁霜遺。草木斂榮滋，四序忽改移。壯年負遐志，坎坷今若兹。所願黄鵠游，尚與鷄鶩隨。俟命爲達生，奚用中夜悲。』穫後將赴太學，詩曰：『嗚雁回江鄉，蟄蟲咸俯戢。微霜被林皋，歲暮嗟已及。農務各自閑，婦子得安集。烹羔酌新醪，嘯侶招近習。伊余獨束裝，膏車赴皇邑。里縣相迫促，嚴程何峻急。不能弃園廬，或恐干宰執。平生縱疏傲，愧此養賢給。努力應明時，胡爲抱鬱悒。』

嘉靖十四年，復試禮闈，其答策問以爲今之不治者，文過實也。文過實，處則行誼不修，出則治功不著，惟務抗名華世而已。其意若有所指，典文者不悦，遂擯斥之。既歸，貽王司成詩曰：『負鼎惑隆湯，五羖信開泰。裹足向燕京，投策干要津。異與時賢游，隨車躡清塵。赫赫明廷中，刈聊得有所陳。九度涉關梁，齎志難爲伸。乃知懷中玉，不是荆山珍。抱痾復歸來，耦耕潁水濱。蘭欲自佩，歲晚色不新。改轍在其初，末路多邅屯。所願惠金玉，樂爲丘中民。』維時吏部尚書許讚，都御史王廷相、杜柟、毛伯温皆欲薦入官，辭不就，於是歸汴上。考六籍之委源，究微言之未絶，參諸子之異同，達天人之隱奥，居六年，頗異其志。

所著有經義、賦、頌、碑、誄、序、記、五七言詩各累萬言，門人遠近而受業者蓋不可勝紀。年十九年，都御史富平李宗樞爲按察使時，嘗欲擬文待詔故事，薦於朝，會李以喪免，不果。年六十一終，學者稱曰中川先生。

論曰：嘉靖初，中川先生方講業城南精舍，余時修弟子禮，執經北面，久之，先生見余誠且勤，督率章程益力。至經有隱奥難解，則繪圖以示，累閲寒暑，未見惰容。是時，四方請益者雲集，學有得輒蒙獎進，喜見眉睫，否則面斥其謬。今先生已矣，疇將依歸？《詩》曰：『有斐君子，終不可諼兮！』三復斯語，余未嘗不泫然出涕也。

## 李士允

李士允，字子中，祥符人也。父環，青州通判，有治行。士允年十八，薦於鄉，即善古文辭，不喜閲近代諸家之言。正德十二年，登進士，每有篇翰，傳播京師。時如申陽何景明、亳州薛蕙、漢東顔木、金陵陳沂、扶臺曹嘉、黄岡王廷陳、綏德馬如驥諸子，莫不推轂相讓，由是名聞海内矣。

士允體素弱，且不樂仕進，乃謝病歸。久之，起授蘇州府推官。蘇劇郡，號稱難治，士允執直廉謹，雖知舊無所假借。嘉靖初，以憂歸，免喪補襄陽，歷遷山東按察僉事，整飭沂州兵備。沂界徐、沛、齊、兖之間，世所謂鹽礦盜藪也。士允治行峻直，掃除一切苛細。三年，境内晏然，擢江西布政司左參議。會太倉海寇之亂，廷議添設兵備副使，而難其人，會推以士允往，敕曰：『朝廷以爾素有風力，特兹簡任。』士允至，以計擒獲首惡，餘黨潰散。守臣疏聞，上嘉悦，賜以白金文綺。崑山盜劫方僉事及姚監生家，捕者誣執平民數十人，拷掠殆斃。士允一訊即釋，未幾，二家盜獲，人服其明。十七年，擢浙江左參政。先是，在太倉以瘍謝事，而巡江御史某適按其地，誤以不迎爲慢己，遂掇拾它事奏劾，事白，補山東按察副使，尋擢陜西苑馬寺卿。居歲餘，以疾乞歸，歸十四年卒，年七十一歲。

士允性介潔，耻爲世之婞婟猥瑣之行，而又嫉惡太嚴，故坎壈不能久於其位，平生所得俸金，悉獻之母，未嘗有私藏焉。閒居蔬食布袍，不異寒素，而喜交游，好吟咏，垂老不輟。嘗與諸鄉先生結怡情吟社，槹亦濫竽其間，今《山藏集》内所載，多同賦篇也。從子蓁，陜西左布政使，嘗事邊陲有聲績，以父尚主故不得爲卿佐。士以此惜之。

## 高叔嗣

高叔嗣，字子業，祥符人也。賦資潁特，年十六著《申情賦》幾萬言，傳示大梁，大梁人皆嘆，以爲弗如也。嘉靖二年，舉進士，爲工部營繕司主事〔二〕，調吏部稽勳，歷遷員外郎、郎中。論事與時宰不合，因謝病注朝籍，滿三月，乃上疏曰：『臣少不知自慎，身被狗馬病，遭遇陛下一拜官、再徙、再擢，自唯受命凉薄，曩守工部主事，移疾請告者，二語具在前後疏中。今春沉病暴興，昏瞀顛踣。臣竊自悲傷，年來逮壯，抱不測之病，當朝廷建治之日，弗能備用行伍，獨困逆旅，賓客左右過視，無不憐臣，爲臣流涕者。伏惟敕所司廉臣病狀，無他，以例放歸。倘天誘臣衷，不遂殞亡，猶得下觀鴻化所成，如遂不捄，亦得瞑目丘壑。』上乃俞其請。既還，謝諸賓客，屏居田中。三年，起補前官。叔嗣又與時人忤，遷山西布政司左參政。久之，轉湖廣按察使。是年夏大水，叔嗣禱于山川，歸而病，病纔九日卒〔三〕。先是，叔嗣送友人鄭某如京，因持杯欷然，淚下霑衣，鄭驚起，謝曰：『公胡淚流之如此也！』叔嗣乃把其袖，歔欷出聲曰：『予無見公期矣。』由是諸僚皆驚，以其語爲不祥也。已而，果卒。異哉！得年三十七。所著有《蘇門集》八卷，而《讀書園》諸作，獨精詣。兄仲嗣，南京禮部郎中，文詞奇古，世比之晋二陸云。

論曰：自空同李先生倡明古學之後，作者不絶。李君、高君乃最著者也。其詞華而弗靡，質而弗俚，約而精騁而中節，皆可希蹤前賢，命令當世。昔稱梁園爲詞賦淵藪，至是益足徵已。余少好藝，與二君討論最久，受益獨多。今二君已矣，每閲遺編，輒興郢人之嘆。世之好古博雅之士，必有以鑒余言矣。

【校記】

〔一〕『營繕司主事』，原作『營繕主事』，據《國朝獻徵録》卷八八所録高仲嗣《弟叔嗣行狀》補『司』字。

〔二〕『九日』，《弟叔嗣行狀》作『九月』。

## 李承恩

李承恩，字君賜，一字伯生，祥符人也。父母早喪，祖父母鞠育之。幼不爲童戲，八歲就塾師，端慎如老成人。弱冠入邑學，爲弟子員，督學者優之，俾聚講大梁書院。正德十四年，領鄉薦，明年試禮部不第，承恩乃整囊買名理諸書以歸，閉門潛玩，時有新得，見之著述，辨析精當，多儒先所未發。謂聖人之微言，莫大於經，而穿鑿好異者失之，於是著《易大義》《詩大義》《書拾蔡》《學庸拾朱》《孟子説》若干卷。謂宋儒之言，莫精於《西銘》《定性書》《太極圖説》

《顔子所好何學論》，於是各爲之解，以發其藴。謂理不離陰陽、不雜陰陽，其不離中以不雜爲體，不雜中以不離爲用。鳶飛戾天，魚躍于淵，至矣哉！著《陰陽論》百五十八條。謂動静者吾心也，動静之間，吾心之至竗存焉。何則？動中有静者，德，德者得也，恐失之而復得也；静中有動者，幾，幾者微也，雖至著而實微也。乃畫《心印圖》。謂《大學》格致之旨不明于天下，徒使學者馳騁于超然遠覽之餘，而不知即身世之近求之，是故去道愈遠。夫人之情感物而動，或爲好樂，或爲忿懥，或爲恐懼，或爲憂患，或爲畏敬，或爲哀矜，有不得正者，自我格之，自我致之，非他人所能預，是之謂獨。由是而慎之，則天德可達、王道可行矣。著《格物致知説》。謂往來順逆，《易》之大旨，原卦畫之初，自乾至坤，皆逆數也，然乾兑離震，繼之善也；巽坎艮坤，成之性也。往者已然也，數有次第之意，第其已往，不亦順乎！來者將然也，知有主宰之意，宰其將來，不亦逆乎！下學之功，知來逆也；上達之妙，數往順也。數往者，順後天而奉天時，吉凶在天，而不在我，故曰鞠躬盡瘁死而後已，成敗利鈍非吾所能逆睹也。知來者逆先天而天弗違，吉凶由我而不在天，故曰思慮未起鬼神莫知，不由乎我，更由乎誰？然必有知來之逆，而後又數往之順，故曰天且弗違而况於人乎！况於鬼神乎！著《數往者順知來者逆説》。承恩平生著述甚富，有《河濱日録》《劄記存稿》，總若干卷，方類編成集，而承恩卒，年四十九。

論曰：余少時數會李君，討論經疑，辨析物理，累日夜不已。間有合，李君謂余曰：『此道荆榛久矣，吾與子其勉之。』意蓋傷知者希也。嗟夫！昔《太玄》《法言》，楊子没百餘年而後顯〔一〕，李君所著《三經大義》咸精詣可傳，它日有宏覽博聞入桓譚者，則李君書爲不朽矣。

【校記】

〔一〕『楊子』，即『揚雄』。《漢書》作『揚雄』，清段玉裁考證認爲，『揚』應作『楊』。

# 跋

家兄西亭先生所著《皇朝中州人物志》十六卷，始於洪武，迄於嘉靖，年幾二百，人凡百三十有奇，脱稿已久，今年春，余請編校遂刻，置家塾傳諸其人。又有《文獻志》四十卷，俟續鋟行也。隆慶二年春正月望日，弟西園睦㮮謹題。

# 附録

## 鎮國中尉睦㮮傳

鎮國中尉睦㮮，字灌甫，鎮平王諸孫。父奉國將軍安河以孝行聞於朝，璽書旌賚。既没，周王及宗室數百人請建祠。詔賜祠額曰『崇孝』。睦㮮幼端穎，郡人李夢陽奇之。及長，被服儒素，覃精經學，從河洛間宿儒游。年二十通『五經』，尤邃於《易》《春秋》。謂本朝經學一禀宋儒，古人經解殘闕放失，乃訪求海内通儒，繕寫藏弆，若李鼎祚《易解》、張洽《春秋傳》，皆叙而傳之。吕柟嘗與論《易》，嘆服而去。益訪購古書圖籍，得江都葛氏、章丘李氏書萬卷，丹鉛歷然，論者以方漢之劉向。築室東坡，延招學者，通懷好士，而内行修潔。事親晨昏不離側，喪三年居外舍。有弟五人，親爲教督，盡推遺産與之。萬曆五年舉文行卓異，爲周藩宗正，領宗學。約宗生以三、六、九日午前講《易》《詩》《書》，午後講《春秋》《禮記》，雖盛寒暑不輟。所撰有《五經稽疑》六卷，《授經圖傳》四卷，《韻譜》五卷，又作《明帝世表》《周國世系表》《建文遜國褒忠録》《河南通志》《開封郡志》諸書。巡撫御史褚鈇議稍減郡王以下歲禄，均給貧宗，帝遣給事中萬象春就周王議。新會王睦㰂號於衆曰：『裁禄之謀起於睦㮮。』聚宗室千餘人擊之，裂其衣冠，上書抗詔。帝怒，廢睦㰂爲庶人。睦樛屢疏引疾乞休，詔勉起之。又三年卒，年七十。宗人頌功德者五百人，詔賜輔國將軍，禮葬之，異數也。學者稱西亭先生。

時有將軍安溛者，一歲喪母，事其父以孝聞。父病革，刲臂爲湯飲父，父良已。年七十，追念母不逮養，服衰廬墓三年，詔旌其門。素精名理，聲譽大著，人稱睦樛爲大山，安溛爲小山云。

《明史》卷一一六《諸王一》

## 鎮國中尉睦樛

鎮國中尉睦樛，周鎮平王諸孫也。父奉國將軍安河，以孝行聞。嘉靖十二年正月，賜敕嘉獎。樛字灌甫，博洽文雅，好著述，尤深于經。家故饒貲財，僮奴數百人，皆逐羸車，屑麥執藝自給。樛傾身遊諸貴顯間，名譽籍甚。自督撫重臣以下，莫不敬禮之如上賓。嘉靖四十二年六月，上疏請以資爲父安河建祠廟，令有司歲時崇祀，詔許之。第令樛自主祠事。已而舉樛文行卓異，爲周藩宗正者十餘年，以經義督課諸宗生，大興宗學，周藩宿習，焕然改觀。凡國中有大製作，皆屬樛具草。樛名動海内，撰《河南通志》《中州人物志》若干卷。同時有將軍安溛者，一歲喪母，事其父以孝聞。父病革，夢神教之，刲臂爲湯飲父，父良已。後年垂七十，猶追慕生母不逮養，廬墓三年，詔旌其門。晚益精名理，延納詞人，聲譽煒煒，人稱溛爲小山云。

明朱謀㙔《藩獻記》卷一

# 明周藩宗正鎮國中尉西亭公神道碑

萬曆丙戌秋七月戊午，宗正西亭公以疾卒于邸第，年七十矣。其門下士鎮國中尉睦𣏌等走兩臺，頌公功德者五百人，督撫衷公、直指徐公疏聞于朝，請祭葬賜謚爲宗盟勸，天子震悼，下宗伯議如兩臺言。制若曰：睦㮮學行素優，其加祭給水衡金錢共葬事，蓋異數也。語稱得全，全昌公庶幾無憾者，而搢紳大夫若士民猶環顧咨嗟而嘆曰：『天胡不慭遺，令公百歲也！』則又曰：『疇復有閎覽博物、蜚聲藝苑如公者乎？』公妊十四月而生，有貴徵，少端穎朗詣，李公獻吉一見大奇之。曰：『此飛兔也，老夫且瞠乎絶塵矣。』稍長，學無所不窺，劌意古作者，與閩王道思、越陳約之結社，講藝甚歡，所結撰出，無踁而走縣宇，執牛耳詞壇者五十年如一日也。則又曰：『疇復有闡明經術、羽翼聖真如公者乎？』公初工制義，已嘆曰：『楊雄非醇儒也，猶耻繡鞶帨爲名高！』乃覃精于經學。當是時，衛君聘名能《易》，和大芳名能《書》，周伯昌名能《詩》，周涿之名能《春秋》，許守謙名能《禮》，此數先生者，皆河洛間宿儒也。公先後從之遊，蓋年二十通『五經』，而尤邃於《易》《春秋》，其學不顓守師説，聚漢以來諸傳注，日夜繙究，務求不詭于聖人。謂《春秋》非獨爲攘夷復讎立案也，乃自爲傳以明筆削之旨。《易》初主王弼，後復取鄭玄，謂鄭學莫備于唐李鼎祚，因刻其《集解》以傳。高陵吕仲木使梁，與先生講《易》東陂上，驚曰：『子輔嗣流也！』新鄭高公問《易》之大義云何，公以退對，高公怳然，有間曰：『四聖之精藴備是矣。』其爲名碩所推許如此。則又曰：『疇復有肫肫孝友、内行修潔如公者乎？』公幼有至性，事父崑崙公晨昏不離側，疾則嘗便，籲天蘄代者數矣。喪三年，居於外。有弟五，皆從公受經。先世産，盡推遺之。立祭田于白塔原，歲時伏臘，必合族祀先祠下，退燕于寢以爲常，即諸儒習禮家，亦自謂弗及也。則又曰：『疇復有馴行好修、蟬蜕塵埃之表如公者乎？』梁緣信陵遺風，諸王孫不養鷄而門，則從毛薛把臂爲豪舉耳。公生貴，年十五封鎮國中尉，受世禄，顧嚼然不滓，被服如儒生。海内藏書家，推江都葛氏、章丘李氏，公盡購得之，起萬卷堂，日渢誦其中。居恒以道德爲膏粱，以禮藝爲園圃，一切芬華聲色之好，視猶土苴也。則又曰：『疇復有褢韞經濟、明習當世務如公者乎？』嘉靖中，大盗陷歸德，掠諸邑，兩河震恐，中丞衡水楊公訪于公，公借箸圖方略，調兵食，已次第條上數事，楊公從其策，賊遂平。復懼株連者衆，請楊公毋以大逆聞，又從之，所全活者幾萬人。楊公悉公才可大用，援祖訓薦於朝，格不報。中丞章公將改黄河，偕公行，視其可否。公徐曰：『河鑿而南，且入泗，得無爲皇陵虞乎？』章公愕而止。未幾，河决，將灌大梁，章公督塞終日，水益急，公載緡錢牛酒往勞之，因説以及水所未嚙闕地樹木揵土石築焉，河立塞。其他諸公過而抵掌促膝，所裨益者固更僕未易詳矣。則又曰：『疇復有齁齁自牧、折節賢士大夫如公者乎？』公名益重，遊道益廣，座客常滿，擔簦造門，率館穀之，馮軾結軔過梁者，必傾蓋造公，其或未至，亦千里定交，竿牘問訊無虚日。若歷下李于鱗、吴郡王元美、蜀張肖甫、楚吴明卿、越徐子輿，皆操風雅權，睥睨一世，而皆與公稱莫逆，相引重云。則又曰：『疇復有循循善誘、篤老不倦如公者乎？』初宗學建，詔博求可爲宗人師表者，中外咸推轂公，遂拜宗正之命。蓋又六年，宗學成而公始視事，念身爲大藩祭酒，感奮圖報，稱布功令、嚴科條，擇諸宗秀敏者占一藝，講授以時，于是弦誦之聲徹于朱户，齗齗如也。癸未夏，宗禄之議起，公議不合，遂引疾乞休。上以篤行博聞，褒留之，不允。丙戌，再疏申前請，復勉留不允。公益感奮，圖所爲報稱者，而疾作矣。病中猶强起，著《周乘》，訓敕門弟子如平時，豈所謂任重道遠、斃而後已者歟！已復咨嗟嘆曰：『天胡不慭遺，令公百歲也！』蓋公既寡嗜欲，而又善養生家言，丹顔黄髮，人方望之，如魯靈光巋然常存，何論百歲也！而今已矣，則豈惟搢紳大夫士民哉！蓋天下共惜之。公所著，經學有《五經稽疑》《授經圖》，雜著則《陂上集》《中州人物志》《忠臣烈女傳》《大明帝系》《周國世系》《遜國記》，纂《中州文獻志》《訓林》《河南通志》《周乘》《開封郡志》共若干卷，行于世。卒之再逾年戊子，冢嗣勤美卜以某月日葬公白塔之原，業已乞衷公銘諸墓，而屬余以隧道之石。曰：『先志也，余既感公高誼，而重冢嗣請，不可以讕讕辭。』按狀，公字灌甫，學者稱西亭先生，晚築精舍城東陂上，又自號東陂居士，即與吕仲木講《易》處也。父奉國將軍崑崙公安河，母張淑人，奉國父曰輔國將軍豫齋公同鍺，輔國父曰鎮國將軍子玠，鎮國父曰鎮平恭靖王。恭靖王者，高皇帝孫，周定王少子也。蓋以文行嬗其家者數世，而大昌于公。配恭人梁氏、蘇氏，俱先公卒，繼李氏。丈夫子一，即勤美，封輔國中尉，有父風，蘇恭人出，娶李氏，封宜人；女子二，長適金吾指揮袁學端，蚤卒，次殤。孫男子一，朝趑，未聘；孫女子一，許字劉耀祖。明興，周宗最盛，翩翩多文藻，若倡明經術者自公始，稽古禮文二百年，而有宗學，膺其任者亦自公始，乃譚者率謂：『公，今之劉向！較其用不用以爲恨。』夫向，誠用矣，顧其言枘鑿不相入，卒弗獲如父之爲宗正，而坎壈竟其身；公則乘時受任，舉生平所藴藉者究宣之，而始終恩禮爲極備。向用而不能行其言，公不用而能行其學，人或知向用之爲不用，而未知公不用之爲用也。寧以此易彼哉？第易名之典，群情若欲然望于太常者。夫謚法，不有道德博聞、勤學好問爲文者乎？又不有純行不爽、一德不懈爲定爲簡者乎？竊觀天子所褒嘉公者非一，不曰篤行博聞，則曰學行素優，在公爲不用之用，在天子爲不謚之謚，華衮一言，不朽千載矣。公即弗百歲，何嘆也！系以銘曰：『大明中天，泱泱嵩河，爲周賜履，爰有鎮平。世德作求，奕葉濟美。公乎嶽降，娉節樹惇，學探宛委，載道者經。異説棼如，經殘教弛，公折其衷，譬彼登岱，群山峛旐。帝選于衆，詢謀僉同，以教胄子，若金作冶，若器作型。譽髦多士，多士伊何，習易奇衺，文羞骫骳。狂瀾東奔，誰其挽之？緊公是恃，公曰老矣。乞臣之身，知足知止。帝曰休哉，汝予宗老，汝其强起，偶罹霜露。何恙不瘳！忽焉脱躧，輟相罷春，人苟可贖，百身其以。公澤在後，公學在經，公行在史，誰能長生？死而不朽，是謂不死。温明賻襚，題湊黄腸，哀榮終始，佳城鬱鬱，我碑既豐，詔千萬祀。』

明張一桂《漱秇堂文集》卷一一

## 大宗正西亭公讓田叙

國家展親賜履，損益前代之制，自諸侯王而下，歲食郡縣租，無分土，然往往有子粒田雜民間，其賦稍輕而無他繇，稱兩利云。初沈丘王府田在延津者五千畝有奇，自謂其先王出閣時所受分也。延津土故瘠，沙鹵相望，會有司行均田法，視地稍墾治者，盡履畝入版籍，府所受田，或不能指其處，而歷日縣長，諸佃户多失其主名，間有存者，又皆以逋負逃去，前後更數十，令不得已，則令邑民均輸充舊額，邑民坐是告困，相率質成者數矣。至嘉靖壬子，沈丘以用詘，今宗正西亭公始出千金市得之。居無何，即量寛歲租，省舊額十之三，顧邑民困甚，復摭前事以爲言，有司逾數歲不能决。公一旦謂人曰：『往聞讀《春秋》則天下事無難處者，吾讀《春秋》矣，幸藉國家寵靈，歲食縣官甚厚，其忍復朘民以自封？且主上神聖，初御極即下詔蠲郡國租，弛苑囿之禁，以業貧民。吾愧不能佐天子憂百姓，獨奈何與延人競尺寸乎？延人，吾人，在彼猶在此也。』乃移書有司，請盡捐之延民。議稍償原直，公謝不受。于時行部諸公咸高公之讓，而邑之鄉大夫謂公有大造于延民也，屬余紀其事。余惟公言《春秋》，請以《春秋》對。《春秋》之言，争田者多矣。姑置勿論，即鄭莊、叔段，非所謂兄弟戚乎？段爲邑，至于廩延，莊不能訓，而克鄢之釁，君子譏之。延津，故廩延地，于公非兄弟比，市以千金，又非所謂甌脱弃地也。假令公以先業爲解，誰能奪之？即如延民言自有執其咎者，而受地受直，其何辭于公？公涉世之末流，而皭然不滓，人方務争，承之以讓，人方競利，弃之如遺，則是鄭莊所不能施于弟者，而公施于延民；叔段所不能得于兄者，而延民能得之于公，詎不難哉！夫虞芮爲周異姓國，非有葭莩之親、肺腑之托也，一安于無争，而説者至以爲成周受命之應鄉，使近出于螽斯、麟趾之屬，又何稱焉。主上登咸三五，無異成周。公以宗室長老，首敦虞芮之讓，則所繇揚主德，裨聖化，勵薄俗，以風勸諸藩，蓋一舉而衆善具，奚啻惠浹窮民已哉！語曰：『貪夫狥財，烈士狥名。』田文納馮煖之説而市義于薛，彼即翩翩佳公子，徒豪舉耳，猶然聲施于後世，公務大體，軥軥退讓，豈欲以是博名高？然延民何心利于己者爲有德行，且誦義無窮，名與天壤俱敝，又惡辨田之在延與在公也。陶朱有言：『吾已施于國，今欲用之家。』公嘗推讓先世産，盡以分遺諸父昆弟，語見公《家讓編》及王中丞《三讓記》中，乃今復推及延民如此，則是既施于家，復用于國，鄉所稱三讓者，猶爲未睹其全也已。公生平遵用儒術，敦行誼，薦紳先生習知之。余重諸大夫之請，故獨詳于讓田，事不備贅云。

明張一桂《漱秇堂文集》卷六

# 壽周藩宗正西亭公六十叙

萬曆丙子，周藩宗正西亭公年六十。五月六日，寔其嶽降之辰。先是，公拜宗正之命者，五年所矣。會有司卜地建學，議規制未上，久之，宗學成，兩臺諸公因條列便宜以聞，天子重其事，下大宗伯議。大宗伯覆奏如兩臺臣言，詔嘉俞行之，蓋曠典云。于時新命適與誕辰值，都人士以爲榮。縉紳諸公咸慶公之有遭也，聚族謀觴，公授簡不佞，不佞卑卑無能壽公者，然竊幸古道之可復也。蓋自三代往，而齒胄之義不明於天下矣。在昔唐虞協德，庶績熙凝，乃史臣所誦説，典謨所紀述，則親睦之化，先於平章，而命夔教胄子，於直寬剛簡之訓獨詳哉！其言之也！夫勳華並稱壽考，而夔周旋二帝間，意其春秋高矣。且四岳九官多出帝裔，豈夔亦神明之胄，齒與德卲，故遂以命之邪？不然，以疏逖亡素之人，俾當師模倡導之任，奔蜂越鷄，安望其化藿蠋而伏鵠卵也？叔季無論，即兩漢猶爲近古，乃其時侯王坐食縣官，不爲置賢師傅，庠序之事，闕焉未遑。彼其宗正之設，徒建空名耳。故以河間、東平之好學樂善尊顯矣，而奪其年；向、歆父子之博綜儒術賢矣，而弗獲究其用。古道之不復，有繇然哉！國家分茅啓宇，語秉禮者莫如周藩，周藩諸宗類馴行、遵軌度、語文雅莫如鎮平，鎮平信多才，其最著者則又莫如公祖孫父子。蓋公自祖豫齋翁有高誼，爲學士大夫所推轂者數世矣，至公而益大。公左副墨，右洛誦，咀六籍而顪百氏者五十餘年，涉世久，閲天下之義理多，被服如儒生，而禔身若處子，所謂神明之胄齒與德卲者非邪？當宗藩條格初下，時都人士即私相謂曰：『必得公斯可以塞明詔。』既而當事者以公請，則又私相喜曰：『吾固知非公不可也。』語有之：『四郊之澍，非膚寸之陰，干霄之材，非歲月之殖，長世之聞，非旦夕之功，王生謂人，不可以無年。』豈虛言哉！嗟乎！河間、東平限於數，向、歆父子厄於時，公兼得之，是后夔復起，而齒胄之義再明於今日也。不佞又聞：上壽壽國，其次壽身，故壽非難，而壽國爲難。三代有道之長，非獨其世德茂也，良由同姓相維，以克永久。主上富於春秋，垂意昭登之績，□□然下璽書，布功令，廣厲學官於章縫，猶嘉惠之□於同姓，以宗室長老爲大藩祭酒，豈徒儌希世之榮名，侈無前之殊遘哉！蜾蠃螟蛉祝而速肖，今繡鞶方領執經，北面者固皆翩翩佳王孫也，以公善祝，必事半而功倍之，將令斐然鄉風，譽髦彙出，由三代磐石之宗，而上溯唐虞親睦之盛，培奕葉樹枝，輔以佐宗社無疆之曆，則壽國壽身，公任之矣。以此爲壽，其庶幾乎！諸公謂不佞言爲然，遂以代酌者之詞。公拊手謝曰：『余聞命飲冰，方懼無能稱上意也，安能壽國？乃若修我以復古，則諸公有榮施，敢不拜賜？』舉觴更酌，賦南山之雅以娛賓，賓復酌以酢主人，賦《崧高》首章、《棫樸》四章而出。

明張一桂《漱秇堂文集》卷七

## 賀宗正灌甫先生六十壽序

是歲夏五，灌甫先生年六十，適拜新命，爲周王府宗正，國人榮之。其友吴子曰：予交灌甫垂二十年，其初聲相慕，謂灌甫博學工文辭，爲諸宗冠，知灌甫未深也。久之，乃知東平孝友、河間經術、鄴下兄弟文藻，灌甫蓋兼之。其後交益深，而灌甫亦慨然以國士相許。頃予以參政來守大梁，會今上開明聖緒，篤念親親，詔下諸王國，各舉宗室之被服儒術而有高行者一人爲宗正，以掌王教，合諸宗之子弟而督誨之，使治博士家言，明習禮樂，備縣官用，於是周王以下諸侯王與藩臬諸大夫，莫不賢灌甫而共薦之，兩臺使遂以灌甫應詔，詔可其議，建宗學，條上宗學事。予適從諸大夫奉末議焉。議上，大宗伯疏以爲功令，下宗正行之，梁士人莫不相慶，謂周官之政復修，異時王國多才賢，其自周始。夫宗正，周官也，所謂選宗中之長而董正之者也。《漢官儀》：近古宗正，猶得與大政，若定册皇子位，封建宗盟，雜治詔獄，類以保傅侯王行宗正事，用之何重也！乃其用，或以長老，或以明經，或以仁孝忠直，非其人弗輕授。若灌甫，可謂不愧其官而稱明詔矣。即不及干政，不得與漢保傅侯王之在事者比肩，然上方幼冲，勵精復古制，異時宗學之教成，王國之才賢稱任使，安知同姓之卿不有如彤伯之入周爲宗正、魯侯孝之命于夷宮而導訓諸侯者乎？有之，必自灌甫始也。夫以灌甫其才，又習於遺訓，而饜於國家故實，四方學者争下之鄉也，位不及列侯，禄不過中二千石，凛凛守繩墨，曾不得緣一職以自效，乃今行年六十，一應明詔，遂得用其學爲諸侯王弟子師，而董正齊一之，諸大夫贊其成，宗有司受其約，不可謂不遇也。而予猶以彤伯、孝侯望之，蓋知主上求賢親親、敬事耆老德意方未艾，即灌甫必欲大用其學，其惟此時爲然哉！客有曰：『灌甫嘗業彭聃家養生，善内視以自固其形神，爲國難老，其於用世與不用於世，澹然耳！』噫嘻！古之所謂能用一世者，皆澹然者也。其説在襄野童子答黄帝問治，奈何不宏覽乎？客唯唯而退。灌甫之子伯榮，聞予言而説之，因請以爲乃公壽。

明吴國倫《甔甀洞稿》卷四一

# 敕賜崇孝祠碑奉國將軍安河

國朝以孝治天下，風行方域，烝烝乎乂哉！于時胏附之藩，罔不灑濯以承休德，而奉國崑崙公則尤黯黯篤諧云。此非茝芷之薰也，要亦性靈淑懿有以本之者焉。公諱安河，字應清，高皇帝六世孫，而周定王之裔也。定王生鎮平恭靖王，恭靖王生鎮國將軍子玠，子玠生輔國將軍同轄，娶夫人賈氏，而公則其長嫡也。方生，適新作之門，輔國筮之，曰：高門有亢龍曜其祥，翼翼將將，其令其昌，斯殆不嘘而光者乎！睟而示之百物目屬者，頃之左執《易》，右秉豆，諸麗好無以易也。即嬰時不戲狎，稍長，受書於外傅，即記即解，旁通子史百家言，曰：『吾以代狗馬毬博之娛耳。』賈夫人素多病，病則左右日夜侍，衣不弛帶，目不交睫，至嘗溺以驗差否，不愈則刲股和糜以進，凡若此，蓋不可殫而述也。比卒，痛毀骨立，蔬食水飲者，終三年不一履於燕室。時輔國倦勤，敕斷家事，惟讀書歡賓客自喜，而公養志無方，購圖史，作園亭，延四方之遊，日夕燕嬉以爲快。已而輔國病風，展轉床褥，公侍之一如侍賈夫人，勞悴百至矣。既差而興，有烏數千翔繞於庭，久之不去，人謂孝所感也。於時宗屬白其事於周王，轉疏以聞，撫按官相繼上書闕下，肅皇帝嘉之，遣行人賫璽書旌焉。嘉靖辛酉，公乃不禄，周王奏曰：『伏見奉國將軍安河性資醇謹，孝友夙成，以居喪則類乎羔柴，以養志則合於曾子。諸凡懿誠，語在臣等奏旌孝行疏中。今各郡府宗室儀賓暨内外輔導官合詞具啓，乞轉奏立祠表揚，及據伊男鎮國中尉睦欅啓稱：「故父平生慎約，纖芥不敢瀆官擾民，儻徼天之靈，蒙聖慈俞允，俾欅得自建祠，上以對揚昭代之彝典，下以不拂先人之夙心，則先人死且不朽，欅亦死不朽。」各啓至臣，臣目擊盛美，何敢蔽賢，輒冒昧以聞。』皇帝若曰：『嘻！休哉！宗賢篤，厲至行，亢人道之紀，匪禄爵是勸。惟德攸勸，余一人丕用嘉悦，其允王所請，賜額曰崇孝。』命既下，睦欅乃相士景卜，鳩工蕆事，而其地適包孝肅、于肅愍二祠之中，德鄰不孤，蓋若天所授云。祠爲敕諭，亭若干楹，碑亭若干楹，堂若干楹，門若干楹，若厨庫齋湢之所，畢具稱備矣。中尉君乃不遠數千里徵文於余，余不佞，嘗讀歷代諸侯王傳而有感焉。若河間、東平之風，卓乎不可尚矣。自餘或以驕縱殺身，或以奢淫殄世，其始意蓋謂社狐之不可灌，屋鼷之不可薰耳。至一犯吏議，有司得執文法相責訊，不必郅都之爲中尉，而禍始酷也。若中山靖王勝之奏對，至今讀之，猶爲酸鼻焉。今奉國崑崙公無所勸而爲善，無所創而不爲不善，諸細小不論，乃其惇百行之首作範侯服，受一人之褒天章屢頒，宣茂實而流景譽，豈其微哉！公子六人，長即西亭君睦欅，次睦㝠、睦誅、睦採、睦樹、睦桀，俱封鎮國中尉，咸世厥德，而睦欅尤以經術行誼推於縉紳。公之卒也，盡以先業讓諸父昆弟，而睦欅亦以父業讓諸母弟，繩武象賢，蓋古今所罕儷云。《詩》曰：『孝子不匱，永錫爾類。』其崑崙公之謂乎！又曰：『教誨爾子，式穀似之。』其西亭君之謂乎！

明張時徹撰，明焦竑《國朝獻徵録》卷一

## 鎮平府輔國將軍豫齋公傳

余讀史，見《漢書》以下皆有宗室列傳，蓋王人行義著者繫國運道化不輕也。高皇帝大建宗封，列聖承之，又世篤惇睦，故宗姓益蕃，賢哲繼作，若豫齋者，國史安可以亡紀！往余遊汴上也，頗采其事實，于是論次其可傳者，俟後之史氏采録焉。豫齋者，鎮平恭靖王孫而七鎮國者子也。上距周定王四世、高皇帝五世云。生成化十四年，憲廟賜名同鍣，以制封輔國將軍。公幼有至性，讀古史略與唐絶句詩即穎記絶人，乃後受《毛詩》于括蒼金生，金生大嘉嘆奇之。弱冠時即閎覽能詩，諸短歌詩尤佳，人多傳誦焉。性不酒，顧獨好客，客至留盡歡乃罷，然交與盡豪賢長者，平生無狎客，無誕謾語，非對客即兀坐讀書若儒生。是時，空同李子客大梁，公時時與空同子遊，以是益習于禮文，宗人戚里有大事，數就公問禮，遇朝祭，公獨先往，又執禮獨恭。母田夫人卒也，哭過慟，嘔血不食，後遭鎮國喪，哭又嘔血，至毁瘁骨立。敬諸庶母，又加愛諸庶弟，蓋皆天性云。乃又不以地勢高人，見諸生輒折節下之，出乘一巾車，過市里必下簾帷。身自奉清約，禄入則多施貧者，宗戚中受施益厚。金生客死通許，公厚賻歸其喪。有匠氏竊金者，左右欲掩發，公曰：『金易得耳，獨奈何以此愧人。』卒秘之。其仁厚醇謹類如此。夫人情富不期侈，貴不期驕，言勢有必至也。公屬肺腑，在日月之際，賜府第冠服，禄歲八百石，所謂生而貴者，非邪！且當太平盛時，天下安樂無事，民間亦豪俠習侈成俗矣。况尊貴如輔國者，即盛治宫苑，好狗馬聲樂，擁騶從出入，法安所不得也。顧一意讀書賦詩，盡罷諸貴人習好不爲，是好學慕義高者，非邪！古劉向、陳思之流何以加哉？乃大梁人則言公病濕以卒。濕得之執喪寢苫時，故常曳履行，或輿以出入，蓋二十餘年。然無時不悲思父母也。有問疾故者，便潸然淚下不忍言。輿疾時，讀書不輟，既疾甚，猶論詩聽琴，終不問家人事。卒嘉靖十三年，壽五十有七。卒之日，人無不驚嘆轉相語，已即相率哭盡哀，行私服者數百人，周王爲發哀，賻百金，守臣令學官主喪，皆特事云。其葬時，上以例給祭葬費。生七子，長曰安河，以孝聞，上特賜璽書旌焉。安河子曰睦欅，少有詩名，長益好經學，海内士咸推高之，皆公之風教遺烈云。論曰：人言宗人世受天封，不治民，故賢者以行義名高，未可以功業論也。以余觀豫齋，蓋秉禮道爲士民倡者，此其風足以興導禮俗，且益廣天子仁孝，其功澤蔑以加矣。昔殷周長世者固謂賢聖君多，亦其時宗姓多賢，枝葉庇本根之效也。以是卜皇祚益將與天地亡極者哉！

明喬世寧《丘隅集》卷一七

## 明故鎮平王府輔國將軍豫齋朱公合葬墓誌銘

予至汴，聞宗室崑崙子以孝鳴，西亭子以詩鳴，竊嘆高皇帝之聖武，今上之仁孝，宗人而有向、歆也，宜哉！及徵諸淩川參伯，歷田憲副，則又知豫齋子之好學，其子克孝，而孫能詩也，宜哉！按《玉牒》，高皇帝生定王，封於周，定王生恭靖王，恭靖王生鎮國將軍諱子玠，鎮國將軍生輔國將軍諱同鍇，同鍇者，豫齋也。工部李伯材云：『予與豫齋有蔦蘿之誼，狀且不能盡豫齋。於乎！可以概豫齋矣。』狀有之，成化十有四年，輔國生，十有八年賜若名，然已安安如矣。廿有三年，封將軍，公日咏唐詩絶句、古史略不一二，讀即成誦。弘治三年，公受業於括蒼金生純，執弟子禮如成人。金生奇其穎悟，則受以《毛詩》。受《毛詩》未一年，盡得其大義，而思繹涵泳，且出金生意表。七年，娶滄州賈判官宏之女爲夫人，而夫人謙約沉慧適類公，公宜之，乃内外侍庭闈，咸共若職唯謹。八年，公肆力於詩，潛心盛唐諸體，而尤長於短篇。十有一年，公讀《易》有得於順應之義，因命讀書處曰豫齋，而號豫齋云。報金生曰：『夫豫則順，順則動，罔弗應。夫豫則誠，誠則動，罔弗立。』金生曰：『善學矣！善學矣！』而人遂稱豫齋云。子安河生。安河者，崑崙也。十有八年，毅皇帝踐祚，公稽首賀唯謹。蓋公素閑於禮，故長至元旦、聖誕必盛服以往，國社國稷必盛服以往，無間於風雨。子安涪生。正德元年，公母田夫人卒，公哀毁骨立，日嘔血不食，人不堪其戚。子安湔生。二年，崆峒李先生至自北郡，公聞其大節，而見其詩類杜體，兄事之，故所交多當代名公云。五年，金生卒於通許，公哭之痛，厚賻之，歸其喪。六年，鎮國公卒，公哭躄號痛，如無所容，日伏苫次，遂中濕，濕中左右股，不良於屈信者逾二十年。八年，公雖卧病，猶手不釋卷。安河侍起居唯謹。子安泯生。十年，公病就愈，苟問疾故，便潸然涕下。子安滁生。十有二年，公樂周人昏葬，至是尤篤，而於諸宗人尤急云。孫睦㮕生。睦㮕者，西亭也，安河子。十有五年，賈夫人卒。夫人疾篤，公執之手曰：『欲何言？』夫人目安河，公曰：『吾子也。』夫人首肯之，因以家政付安河，曰：『爾克家，爾母即含笑矣。』十有六年，公病痪，艱于起居，猶手不釋卷，見安河孝養，則又輿以出入，時咏歌焉。嘉靖元年，公每與崆峒先生端坐終日，若忘其痾癢焉者。子安潄生。五年，公禮客於別室，匠氏竊金，左右欲掩發，公止之，卒不暴匠氏名。八年，子安溋生。公敬諸庶母而愛諸庶弟，雖鎮國亦感悦云。九年，公病不能撫卷，猶説詩不懈，或觀弈聽琴，坦如也。見睦㮕詩什，乃笑曰：『爾欲效松雪乎？』曰：『吾欲師謫仙耳。』則又笑曰：『有是哉！』十有二年，安河以孝聞，上遣亀行人永通捧敕旌安河，公大慟，曰：『賈夫人不及見矣！』十有三年，公疾大作，安河侍晝夜唯謹。公不堪其憊，慰之曰：『嗟夫！人生，命耳！抑何爲哉！』乃九月三日卒，卒之日，汴人無問識與不識，皆爲盡哀，曰：『宗人有豫齋者，好學，今已矣！』夫十有四年十有二月四日，崑崙將啓賈夫人之封合葬公于白塔原。崆峒子所署久安之阡，乃丐憲副張子歷田徵予銘。予謝不敏，復丐參伯傅子淩川懇予銘，予謝不敏，已乃崑崙、西亭徒跣立于門久之，左丞孫子毅菴曰：『可以銘矣。』然予不及見豫齋，今見崑崙不愧古令子，見西亭不愧古騷人，於戲！可以考豫齋矣。公以好學鳴，而七子皆封奉國將軍，六女皆封縣君，六孫皆封鎮國中尉，而况有安河、睦㮚也，可以銘矣。銘曰：峨峨者階，吾有吾齋。粲粲者史，吾有吾子。翩翩者言，吾有吾孫。斯千百年，永安于白塔之阡。

明胡纘宗《鳥鼠山人小集》卷一六

## 嘉靖《河南通志》序

夫志者何？古史之流也。通者何？合郡縣之事而録也。其要者何？彰往蹟、宣人文也。是故方輿之紀，先王重之。維兹河南，在《禹貢》爲豫州，歷代爲都、爲國、爲府、爲路，典章文物，宜可考徵。而金元之季，薦遭兵燹，故老代謝，事文散逸，博雅之士恒病之。成化間，憲副姑蘇劉公欽謨欲輯爲志，其草未就而去，繼至者會稽胡公廷慎稍爲綜理，輒即就梓，顧其踳跤無足觀矣。甲寅春，大中丞一山鄒公來撫兹土，保釐之暇，慨兹墜典，毅然修之，乃白於侍御思齋霍公、野菴蔡公、起菴李公，藩長先文谷孔公，今葵山鄭公、蒲谷岑公，臬長先臨溪張公、後風泉張公，暨諸大夫，詢謀僉同，乃禮聘僉憲嵩渚李公及余主其事，復檄貳守何君，學正蒲從禮，教諭黄積慶、王棟、吴之翰、郭懋、羅琳、李棟、程文俊、薛紹、李緒、朱紹舜，及諸生之秀拔者分裁之。是歲十一月朔開局於貢院，以憲副東溪徐公、會溪扈公，少參紀山曹公督修焉。供給者，通府李君也。逾年春，東溪公以公務巡歷諸郡，同事者亦以應聘應試各辭去，事將中輟，一山公乃謂余曰：『夫是志，闕而弗修者七十餘矣，子爲鄉士而不論載，使昭代之制暗而不章，哲先之業滅而不述，余甚懼焉。』睦㮚喟然嘆曰：『是余之罪也夫！是余之罪也夫！』乃抱志草過余齋中，蒐集故實，且撰且述，又逾年，始卒事焉。睦㮚曰：『是志也，余據諸史傳及《寰宇》《一統》諸志與夫酈氏之《水經》、杜氏之《通典》、馬氏之《通考》、王氏之《玉海》、鄭氏之《通志》、羅氏之《路史》等編所載，冗者裁焉，訛者正焉，遺者增焉，疑者析焉，於舊志僅存十之一耳。其體要去取，余悉受之一山公云。』刻既成，乃櫽括其義而爲之序曰：

維王政始自疆理，因地法天，正人之紀，於是作《圖考》第一。郡邑易置，歷代靡常，作《沿革表》第二。象緯成列，圻界以分，作《星野志》第三。樹壝封溝，慎固厥守，作《疆域志》第四。嵩高王屋，河沁淮濟，環流疊峙，奠我中土，作《山川志》第五。土性既殊，人習亦異，觀其所尚而設教焉，作《風俗志》第六。自三代建侯之制廢，後世雖損益不同，咸有定則，作《封建志》第七。邦本之固，寔在康阜，作《户口志》第八。有地則有税，有身則有庸，作《田賦志》第九。資民用，辯土宜，作《物産志》第十。秩有崇卑，政有繁簡，上下相維，庶蹟以熙，作《職官志》第十一。禦侮防患，非險不可以峙，作《城池志》第十二。雖有金湯，無粟不守，轉輸之利，國計賴焉，作《河防志》第十三。官府次舍，政之所出，作《公署志》第十四。育才善俗，莫先於教，作《學校志》第十五。聖人養賢，以及萬民，賢者國之所倚以立也，取用之途雖殊，然要以得人才，同政治，作《科目志》第十六。國之政教，惟養賢事神爲大，作《祠祀志》第十七。生有居則殁有藏也，作《陵墓志》第十八。貝閣珠林，靈區秘宇，或古有賜額，爲國祝釐者不敢廢也，作《寺觀志》第十九。斷垣殘堞，故壘遺闕，興廢之繇有足悲者，作《古蹟志》第二十。虹流鳦降，本其所生，作《帝王志》第二十一。道化之鄉，非寓賢所倫，作《聖蹟志》第二十二。峴碑墮淚，棠樹興思，澤之所鍾，其何能泯，作《名宦傳》第二十三。嶽秀川靈，毓英啓俊，人倫儀錶，後先輝映，作《人物志》第二十四。或仕而家，或徙而置，流芬遺範，民之思仰存焉，作《游寓傳》第二十五。根於天性，篤於彝倫，百善之行，皆原於是，作《孝義傳》第二十六。禮陳内則，詩叙《關雎》，王化之施，寔自兹始，作《列女傳》第二十七。箕潁抗節，貞風遠揚，感而作者，代有其人，作《隱逸傳》第二十八。二氏之學，其來尚矣，國志弗遺，作《仙釋傳》第二十九。深於數術，不詭於俗，糾其推變，於時事亦有補焉，作《方伎傳》第三十。自圖書肇興，載籍斯繁，事以辭見，體因代殊，均之標彝倫之則，宣隱頤之旨，明治忽之迹，作《藝文志》第三十一。舊載之誤，可擿可據者，作《辯疑志》第三十二。事覈而出，所自之書，或涉不經，亦所不弃，作《備遺志》第三十三。凡四十五卷，七十七萬九千餘言，義有未詳，則仍其舊，事有已發，則不復見。大要叙述以年，俾古今不相紊也。第愧能薄才譾，闕謬寔多，若好古博聞君子與我同志考訂廣益，以備一方之文獻，深所願焉。

嘉靖三十五年歲在丙辰秋八月望日　明鎮國中尉汴水朱睦㮮撰

## 萬曆《開封府志》序

夫志，紀事之書也。在朝廷作之，謂之史；在四方作之，謂之志。所以鏡今昔、垂鑒誡一也。我開封郡當孔道二百餘年，人物、文章、制度損益尚皆缺焉，有識者惜之。今年乙酉，鑑弦宋公來守是郡，才優政舉，化行訟息，宿弊盡剗，文事聿興，於是以郡乘屬少司馬傳川曹公與睦㮮。既受事，乃作而言曰：夫志，豈徒哉？不志疆域則封疆不明，不志沿革則廢置莫辨，不志田賦則民生曷依？不志學校則教化弗宣，不志官師則治理不著，不志人物則美刺不形，不志兵防則國威不振，不志山川則巖險何恃？不志藝文則考覈不備，不志徭役則繁費不經，此皆其大者。其餘可類推矣。曹公曰然，遂準《周禮》作志例志目，又取『二十一史』及《九域》、《寰宇》、《一統》、諸名郡志，與余窮日夜蒐遺闡隱，芟繁訂僞，自二月望至六月初始畢。夫志，仿史者也。且子長、孟堅皆才雄一代，文之佳莫有及者，及觀其書，又皆成於累歲，議者猶多病之。今志屬草不數月而就，欲無謬戾，亦難矣。後之覽者，尚相與正之。是役也，主于宋公，刻未竣而公病且卒，悲夫！悲夫！會繼之者晴宇王公，嘉與斯舉，始克殺青。而郡丞魯南楊公、葵亭張公，郡倅蘭溪牛公、賁川張公，皆雅從臾之，故余得並書云。

萬曆十三年秋九月吉日　周府宗正奉旨督理宗學汴上睦㮮撰

# 徵引書目

《明實録》，臺灣『中央研究院』歷史語言研究所校勘本，一九六二年。
[明]宋濂等撰：《元史》，中華書局點校本，一九七六年。
[明]焦竑撰：《國朝獻徵録》，臺灣學生書局影印本，一九八四年。
[明]過庭訓撰：《本朝分省人物考》，明天啓刻本。
[明]陳子龍等選輯：《皇明經世文編》，明崇禎間平露堂刻本。
[明]雷禮輯：《國朝列卿紀》，明萬曆間徐鑒刻本。
[明]李賢等纂修：《大明一統志》，明萬曆十六年楊氏歸仁齋刻本。
[明]何出光、陳登雲等撰：《蘭臺法鑒録》，明萬曆二十五年刻崇禎四年續刻本。
[明]鄧元錫撰：《皇明書》，明萬曆三十四年刻本。
[明]談遷撰：《國榷》，清抄本。
[明]薛應旂撰，展龍、耿勇校注：《憲章録校注》，鳳凰出版社，二〇一四年。
[明]錢士升撰：《皇明表忠紀》，明崇禎間刻本。
[明]鄭汝璧撰：《皇明功臣封爵考》，明萬曆間刻本。

〔明〕黄宗羲撰：《明儒學案》，中華書局，二〇〇八年。
〔明〕鄒守愚修，〔明〕李濂、朱睦㮮纂：《河南通志》，明嘉靖三十五年刻本。
〔明〕朱睦㮮撰：萬曆《開封府志》，明萬曆十三年刻本。
〔明〕朱睦㮮等撰：《萬卷堂書目》，上虞羅氏《玉簡齋叢書》本。。
〔明〕祁承㸁撰：《澹生堂藏書目》，清宋氏漫堂鈔本。
〔明〕萬炯修，〔明〕張應辰纂：《商城縣志》，明嘉靖三十年刻本。
〔明〕安都纂修：《太康縣志》，明嘉靖三年刻本。
〔明〕胡宗憲修，〔明〕薛應旂等纂：《浙江通志》，明嘉靖十四年刻本。
〔明〕盧濬纂修：《黄州府志》，明弘治十三年刻本。
〔明〕張昶撰：《吴中人物志》，明隆慶四年刻本。
〔明〕楊鶴、楊嗣昌編：《薛文清公年譜》，明萬曆間張銓刻本。
〔明〕何良俊撰：《四友齋叢説》，明隆慶三年華亭何氏刻本。
〔明〕蕭彦、王致祥等撰：《掖垣人鑑》，明萬曆十二年刻本。
〔明〕王鏊撰：《震澤紀聞》，元明善本叢書十種本。
〔明〕朱謀㙔撰：《藩獻記》，明萬曆間刻本。
〔明〕何喬遠輯：《皇明文徵》，明崇禎四年刻本。
〔明〕宋濂撰：《宋學士文集》，明正德九年刻本。
〔明〕楊榮撰：《楊文敏公集》，明正德十年刻本。

〔明〕李賢撰：《古穰集》，文淵閣《四庫全書》本。
〔明〕程敏政撰：《篁墩程先生文集》，明正德二年何款刻本。
〔明〕徐溥撰：《徐文靖公謙齋文録》，文淵閣《四庫全書》本。
〔明〕李東陽撰：《懷麓堂集》，摛藻堂《四庫全書》本。
〔明〕李夢陽撰：《空同集》，明嘉靖十一年刻三十一年增修本。
〔明〕朱安㴲撰：《李空同先生年表》，明萬曆三十年鄧雲霄、潘之恒校刻本《空同集》附録。
〔明〕何景明撰，李淑毅等點校：《何大復集》，中州古籍出版社，一九八九年。
〔明〕王廷相撰，王孝魚點校：《王廷相集》，中華書局，一九八九年。
〔明〕王世貞撰，魏連科點校：《弇山堂別集》，中華書局，一九八五年。
〔明〕王世貞撰：《弇州山人續稿》，明萬曆刻本。
〔明〕王家屏撰：《王文端公文集》，明萬曆四十年至四十五年家刻本。
〔明〕郭朴撰：《郭文簡公文集》，清康熙思齋軒刻本。
〔明〕張一桂撰：《漱秇堂文集》，明萬曆三十一年刻本。
〔明〕喬世寧撰：《丘隅集》，明嘉靖四十二年刻本。
〔明〕胡纘宗撰：《鳥鼠山人小集》，明嘉靖刻本。
〔明〕崔銑撰：《洹詞》，明嘉靖趙府味經堂刻本。
〔明〕李贄撰：《續藏書》，明萬曆三十九年王若屏刻本。
〔清〕阮元校刻：《十三經注疏》，清嘉庆刊本。

［清］張廷玉等撰：《明史》，中華書局點校本，一九七四年。
［清］萬斯同等撰：《明史》，清抄本。
［清］王鴻緒等撰：《明史稿》，清雍正間敬慎堂刻本。
［清］夏燮撰：《明通鑑》，中華書局點校本，二〇〇九年。
［清］龍文彬撰：《明會要》，中華書局點校本，一九五六年。
［清］顧祖禹撰，賀次君、施和金點校：《讀史方輿紀要》，中華書局，二〇〇五年。
［清］紀昀等撰：《四庫全書總目》，文淵閣《四庫全書》本。
［清］黄虞稷撰：《千頃堂書目》，文淵閣《四庫全書》本。
［清］范邦甸等撰：《天一閣書目》，上海古籍出版社，二〇一〇年。
［清］孫奇逢撰：《中州人物考》，文淵閣《四庫全書》本。
［清］錢謙益撰集，許逸民、林淑敏點校：《列朝詩集》，中華書局，二〇〇七年。
［清］查繼佐撰：《罪惟録》，《四部叢刊》三編本。
王國維撰：《傳書堂藏書志》，上海古籍出版社，二〇一四年。
中國古籍總目編纂委員會編：《中國古籍總目》，中華書局，二〇一二年。
北京大學國學研究院主辦：《版本目録學研究》第十一輯，國家圖書館出版社，二〇二〇年。